NOTICE
HISTORIQUE
SUR
BENOITEVAUX

PAR

M. l'abbé R. H. Bouillevaux,

CURÉ DE PERTHES

Correspondant du Ministère de l'Instruction publique pour les travaux historiques,
Membre de l'Académie de Reims.

CHAUMONT,
Chez Charles Cavaniol, imprimeur-libraire,
Et chez tous les Libraires du Département.

1851.

LK7 930

I

NOTICE
HISTORIQUE
SUR
BENOITEVAUX.

DU MÊME AUTEUR :

LES MOINES DU DER, in-8° de 488 pages, avec dessins. Prix, 5 fr.

LES PELERINAGES CHAMPENOIS.

I.

Saint Léger de Perthes.

Prix, 75 cent.

CHAUMONT, IMPRIMERIE CAVANIOL.

NOTICE
HISTORIQUE
SUR
BENOITEVAUX,

PAR

M. l'abbé R.-A. Bouillevaux,

CURÉ DE PERTHES,

Correspondant du Ministère de l'Instruction publique pour les travaux historiques,
Membre de l'Académie de Reims.

CHAUMONT,

Chez Charles CAVANIOL, imprimeur-libraire ;
Et chez tous les Libraires du département.

1851.

NOTICE HISTORIQUE

SUR

BENOITEVAUX.

> Nescio quâ natale solum dulcedine cunctos
> Ducit, et immemores non sinit esse sui.
> Ovid. *Eleg. IV. v.* 35.

Un voyageur parcourant nos contrées vous demandera pourquoi ces ruines antiques, ce blason incrusté sur le pan d'une muraille, ce monument noirci par les temps : que répondrez-vous ?...

Depuis long-temps des hommes instruits essaient de compléter l'histoire de notre nation ; cependant, que de noms encore ignorés, que de faits restés dans l'oubli ! Que faut-il donc faire ? Exploiter le vaste héritage que le moyen-âge a légué à nos archives communales et départementales : là sont consignés l'histoire de nos pères et les premiers essais de notre littérature ; étudier les monuments inédits de toute espèce : poésie des Troubadours, chants des Trouvères, chroniques, légendes, chartes, diplômes, inscriptions ; là vous trouverez l'histoire de vos ancêtres, de votre cité, de votre hameau, de votre maison même. Alors vous raconterez au voyageur curieux l'histoire du champ que vous arrosez de vos sueurs, du village qui vous a vus naître, du seigneur d'autrefois qui vous a gouvernés, ou des religieux qui ont défriché le sol que vous foulez et fait fleurir parmi vous le commerce et l'industrie.

A qui donc devons-nous la plupart de ces écrits qui nous

rappellent notre passé? C'est à de saints hommes, à de savantes congrégations, qui savaient inscrire jusqu'au moindre fait, qu'aujourd'hui nous retrouvons avec un plaisir toujours nouveau. Heureux si le vandalisme avait su respecter ces intéressants recueils! Mais, nous direz-vous, l'étude de ces manuscrits a quelque chose de pénible et parfois de bien aride. La France l'a compris: elle nous a donné une école spéciale, l'école des Chartes, où des hommes s'étudient à déchiffrer tous nos vieux monuments historiques, et se rendent familière la lecture de nos vénérables archives, afin de livrer à la science de précieux documents. C'est un travail, mais le plaisir de la découverte ne doit-il pas l'encourager !

Dans ce but, nous avons déjà publié les *Moines du Der* et une petite notice historique sur l'ancienne ville de *Perthes*. Accueilli avec faveur par des hommes qui s'intéressent à l'histoire, nous avons fait de nouvelles recherches. Benoîtevaux a occupé nos loisirs; c'est en consultant bien des manuscrits, en relisant de vieux parchemins oubliés, que nous avons recueilli des faits curieux sur ce monastère, autour duquel vient se grouper l'histoire des localités environnantes. Ce récit ne sera pas sans intérêt pour chacun de nous, enfants de Champagne et de Lorraine, car notre notice mettra au jour quelques noms, quelques faits jusqu'alors passés sous silence. Cette notice se divise naturellement en trois époques bien distinctes:

1° Depuis la fondation du monastère (vers 1140) jusqu'au rétablissement de la discipline par Elisabeth de Beaufort (1224);

2° Depuis ce rétablissement jusqu'en 1695, époque à laquelle les religieuses furent obligées de quitter le couvent qui tombait en ruines;

3° Enfin, depuis 1695 jusqu'à la Révolution de 1789.

BENOITEVAUX.

CHAPITRE Ier.

1140-1221.

Depuis la fondation du monastère (vers 1140) jusqu'au rétablissement de la discipline par Elisabeth de Beaufort (1221).

Benoîtevaux, *Benedicta vallis*, appelé aussi dans le XIIIe siècle *Vaulx-Benoist* et *Val-Benoist*, dans l'ancien diocèse de Toul, était une abbaye de filles de l'ordre de Cîteaux. Elle était située dans une vallée profonde, couronnée de bois, à huit kilomètres environ N. N.-O. de Reynel et à environ six kilomètres N.-E. de Roche-sur-Rognon. Ce vallon, d'abord très-étroit, s'élargit peu à peu et forme à sa naissance une espèce d'amphithéâtre. C'est au fond de cette vallée, écartée de toute société humaine, que furent jetés les fondements du monastère de Notre-Dame de Benoîtevaux. Au-dessus du lieu appelé encore aujourd'hui les Jardins du Couvent, se développe un profond bassin, dont les eaux bleues et limpides réfléchissent les fleurs aquatiques qui croissent sur ses bords et les arbres de la forêt qui l'enveloppe de tous côtés. Au-dessous, l'étang se décharge dans le ruisseau de Benoîtevaux, qui autrefois tournoyait autour des bâtiments et qui va se jeter dans le Rognon, au village de Roche. L'étang qui, toujours comme au temps des nones, nourrit une grande quantité de truites dorées et le ruisseau qu'il alimente sont les seuls témoins de cette abbaye, où plus d'une comtesse et plus d'une marquise vinrent trouver le repos, la paix et le bonheur, et où de puissants seigneurs et de nobles dames choisirent le lieu de leur dernière demeure. Cloître, tombeaux, église, tout a disparu; il ne reste pas même de ruines, car on ne peut donner ce nom à des monceaux de pierres sur lesquels ont crû depuis 150 ans des buissons, dont les frêles rameaux indiquent que la mort a touché ces lieux autrefois consacrés à la Reine des vierges. Si M. Maix, propriétaire actuel, n'avait donné une nouvelle vie à cette vallée devenue sauvage, en faisant défricher les broussailles qui cachaient les décombres, dans quelques années on eût ignoré pour toujours le lieu où reposèrent Thibaut de Reynel et Alix, la fidèle compagne du bon sire de Joinville. Nous avons l'espoir que bientôt, sur l'emplacement de l'église, s'élèvera un oratoire sous le vocable de Notre-Dame; car M. Maix aime à conserver les souvenirs du passé. Qu'il est à regretter que la plupart des acquéreurs des anciens établissements monastiques n'aient point partagé ces sentiments! Disons en passant que pour rendre à cette vallée, si riche en souvenirs, quelque chose de son ancien lustre, il est à désirer, dans l'intérêt de l'agriculture et du commerce, qu'un chemin de grande communication relie, par Benoîtevaux, la montagne au Val-de-Rognon.

L'abbaye de Benoîtevaux a été fondée vers le milieu du XIIe siècle. Le premier acte authentique constatant son existence est de 1198; ainsi, l'auteur de l'Annuaire de 1808 a commis une erreur en disant que cette abbaye avait été fondée vers 1290, et le nouvel éditeur de M. l'abbé Mathieu a laissé subsister cette inexactitude.

Benoîtevaux existait avant la charte de Guyard, sire de Reynel, et d'Ermengarde, sa femme. La tradition conservée par les religieuses nous apprend qu'il faut faire remonter

la fondation de cette communauté jusqu'à saint Bernard.
Ce fut en mémoire d'un miracle et par reconnaissance
pour le thaumaturge du xii⁰ siècle que fut élevé, vers
1140, le cloître de Notre-Dame de Benoîtevaux. Le saint
abbé de Clairvaux avait en effet guéri à Reynel un boiteux
nommé Simon, jeune homme connu dans la contrée : *Apud
Risnelmum oppidum regionis ejusdem usque modo cer-
nere est adolescentem Simonem nomine satis notum, qui
præfato Dei famulo claudus oblatus est, et sub ejus
manu gressum recepit.* (*Vita S. Bernardi*, L. IV, p.
2037.) Néanmoins Guyard de Reynel est regardé comme le
fondateur de ce monastère. Ce généreux seigneur et Ermengarde, sa femme, dotèrent, en 1198, l'église de la
bienheureuse Vierge Marie de Benoîtevaux, pour le remède de leur âme, de l'âme de leurs prédécesseurs et pour
l'âme du seigneur Thibaut. La charte porte qu'ils donnent
trois charrues de terre, quatre charriots de foin, douze
émines de grain, mesure de Reynel, six de froment et six
de seigle, à prendre sur les dîmes du Val de Rognon ; les
droits de pâturage sur toutes leurs possessions en terres,
prés, bois et étangs, le bois de Groin et le four banal de
Busson. Parmi les nombreux témoins de cette charte, qui
réserve pour toujours la garde et l'avouerie du monastère
aux seigneurs de Reynel, on voit figurer Rodolphe, doyen
de l'église de Reynel, Pierre, prieur de Saint-Laurent,
Gillebert et Garnier de Vaux, *de Valle*, Hugues, frère du
sire de Reynel, Gérard de Prez, *de Preisco*, Gérard de
Manois, *de Manesio*, Gérard de Rimaucourt, *Rimaudi,
curiæ*, Eudes de Bétoncourt, *Odo de Betoncort* (1).

---

(1) Notum sit omnibus tam futuris quam præsentibus quod Ego Guyardus
de Risnello et Ermengardis uxor mea, pro remedio animæ meæ et omnium
antecessorum meorum, ecclesiæ Beatæ Mariæ de Valle benedictà dedimus et con-
cessimus in perpetuum possidendas tres currucas terræ et quatuor carrutas feni

L'année suivante, 1199, Thibaut III, comte de Champagne, confirma toutes les donations faites à Benoîtevaux ; de plus, il lui donna en perpétuelle aumône, pour le remède de son âme et de l'âme de ses prédécesseurs, des droits d'usage dans sa forêt de Mont-Chaumont (2).

La piété du sire de Reynel paraît dans plusieurs chartes qui portent son nom. Guyard avait montré son zèle pour la maison du Seigneur et son amour pour les hommes de prière. Il avait augmenté le nombre des chanoines chargés de faire le service divin dans la chapelle de son château. Cette collégiale, qui était sous le vocable de Notre-Dame, fut dès lors composée de treize chanoines.

Pierre de Brixci, évêque de Toul, dont la mère, Mathilde de Reynel, était parente de Guyard, confirma cette donation en 1185, et ajouta au revenu des chanoines, se réservant de confirmer l'élection du doyen et de donner l'investiture aux autres chanoines, après leur nomination faite par le seigneur fondateur. La charte de Pierre porte encore

---

de terrâ dictâ. Debet tenere jam dicta domus in valle unam carrucam, in monte verò duas. Insuper pro anima Domini Theobaldi, eidem domui concedimus duodecim minas nudæ annonæ, ad mensuram Risnelli, sex frumenti et sex siliginis. Præterea concedimus sæpe dictæ domui per totam terram nostram pasturam in pratis, in terris, in aquis, in silvis, pasturam sive usuarium extra bannum..... Præterea jam nominatæ domui concedimus totum boscum a Fago usque ad vallem Mortuæ aquæ per totam collem de Groin. Dictam annonam iis assignamus in propriis decimationibus nostris in valle Rodionis. Insuper furnum villæ quæ dicitur Buchon... Insuper noverint quod dicta domus non potest erimi a custodia sive a vocatione Domini Risnelli. Anno verbi incarnati millesimo centesimo nonagesimo octavo.

(2) Ego Theobaldus, Campaniæ comes palatinus, notum facio tam præsentibus quam futuris quod pro remedio animæ meæ et predecessorum meorum, dedi monialibus Benedictæ vallis in perpetuam eleemosinam et concessi usuarium in nemore meo de Mas Chaumont ad usus proprios, ad comburendum et edificandum quantum cum una biga semel in die adduci poterit, ita tamen quod eis nichil inde vendere liceat vel donare. Concessi etiam communia pascua in predicto nemore ad opus animalium suorum. Quod ut ratum, etc.

que le nombre des chanoines sera plus grand, si les ressources le permettent (*).

Les seigneurs de Reynel avaient aussi compris que les tours de leur château avaient besoin de la puissante protection des enfants de saint Benoît.

Dès l'an 1154, sur le penchant Est de la côte, sous les murs du château, il existait un prieuré de Bénédictins sous le titre de Saint-Laurent, dépendant de l'abbaye de Saint-Mansuy de Toul. Guyard enrichit de biens et de privilèges cette communauté, fondée par un de ses ancêtres, Arnould de Reynel. Pierre de Brixei, en considération de cet Arnould, qu'il appelle son ancêtre, n'oublia pas non plus ces savants bénédictins (**).

La générosité du fondateur de Benoîtevaux s'étendit aussi sur le chapitre de Saint-Mammès de Langres et sur le monastère de Clairvaux. Il leur donna quelques portions de dîmes sur les villages du val de Rognon. C'est la première fois que nous voyons le clergé de Langres dans cette partie du diocèse, qui jusqu'alors avait été en la possession des religieux de Saint-Remi de Reims. Les nones de Benoîtevaux n'eurent pas toujours à s'en féliciter, car les chanoines de Saint-Mammès s'arrogèrent sur les possessions de l'abbaye des prétentions que réprimèrent dans la suite Jean, sire de Joinville, et Anselme, son fils. Le dernier acte que Guyard nous a laissé concernant Benoîtevaux est une preuve de sa piété et de la paix que goûtaient dans cette solitude des âmes qui n'avaient pu trouver le bonheur dans le monde. Guyard nous apprend qu'Adelina ou Avelina, femme de

---

(*) Au XVe siècle la collégiale de Notre-Dame n'avait plus ses treize chanoines, et en 1789 ce chapitre n'était plus composé que de trois membres, y compris le doyen.

(**) Ce prieuré fut dévasté en 1567 par les huguenots; nous parlerons de cet établissement dans l'histoire de Reynel.

Jean-Joseph, et sa fille Odeta, voulant vivre plus saintement, s'étaient retirées dans le cloître de la bienheureuse Vierge, pour embellir leur âme et y avaient fait profession religieuse. Du consentement de leurs héritiers et de l'aveu du sire de Reynel, ces pieuses femmes donnent à la maison qui les avait accueillies un moulin situé près de Reynel, qui porta le nom de Moulin-Joseph, du nom du mari d'Adelina (3).

Par reconnaissance pour les religieuses, Jean Chaudrons, frère d'Adelina, donne à Benoîtevaux un muid de blé, moitié froment, moitié avoine, à prendre selon la mesure du val de Rognon, sur ses terrages de Briaucourt; l'attestation de cette donation fut faite par Guyard en 1205.

L'année précédente il avait confirmé la donation que Hugues, son frère, avait faite aux religieuses de la moitié des fours d'Andelot.

Les religieuses de Benoîtevaux trouvaient dans leur chère solitude le repos et la paix; elles avançaient rapidement dans les voies de la perfection religieuse, et l'odeur de leurs vertus se répandait au loin dans la contrée. Les seigneurs regardant cette maison comme la véritable demeure de la prière, et comprenant, quelquefois seulement à la mort, que le bon usage des richesses de la terre aide à la rédemption de l'âme, comblèrent de biens, de droits et de privilèges les religieuses qui étaient à leurs yeux des anges terrestres.

---

(3) Ego Viard dominus Risnelli notum facio omnibus quod cum Adelina uxor Joannis Joseph et filia ejus Odeta vitam suam in melius vellent convertere et animabus suis in melius disponere, se in ecclesia de Benedictâ valle transtulerunt ibi Domino conversantes dederunt autem eidem ecclesiæ molendinum suum versus Risnello laude et assensu nostro et omnium hæredum Rogerri et Seidrei filiorum. Item cum uxor Arnoldi Boteire Domeiras in eâdem domo benigne conversavit, Ego eidem ecclesiæ dedi pratum quod primo tenuit Andreas primus vir suus et quidquid Arnoldus Boteire in eo querelabat et tenebat. Actum anno gratiæ millesimo ducentesimo quinto.

En 1214, Villanus de Nully, Valtérius et Evandus ses frères, tous enfants du seigneur Gauthier, pénétrés de reconnaissance pour les saintes filles de Benoîtevaux qui avaient admis leur sœur à la profession religieuse, donnent tous leurs revenus en blé sur les moulins et sur le territoire du val du Rognon. Ils abandonnent de plus la part qu'ils avaient dans les droits de corvée. Cette donation est munie du sceau de Jean de Nully oncle des donateurs qui avouent n'avoir point de scel.

En 1216, Aubert de Narci, chevalier, de l'aveu de son seigneur suzerain, Hugues de Landricourt, *Hugo de Landrecort*, et du consentement de sa mère, de ses frères et de ses sœurs, donne pour le remède de son âme et de l'âme des siens, une rente annuelle de quatre septiers de froment, mesure de Saint-Dizier, sur ses terrages de Cousances, *de Cosance*.

Dans cette même année, nous voyons encore un Pierre, seigneur de Boullaincourt, donner aux religieuses vingt-cinq bichets à prendre sur le blé de mouture des moulins d'Orquevaux, *Orci vallis* ou *arcta vallis*.

Odete, fille de Guillaume de Nully, voulut à son tour faire du bien aux nones de Notre-Dame. Pour remercier Dieu d'avoir appelé à la vie religieuse sa bien aimée fille Marguerite, elle leur donne 70 solds de rente annuelle à Beaufort sur les revenus du seigneur comte de Réthel. Cette donation, datée de 1216, est munie du scel de Jean de Nully, seigneur suzerain dont nous avons déjà vu le nom dans le titre de Villanus, son neveu. Gauthier de Nully donne aussi lui-même l'année suivante, 1217, un revenu qu'il possédait à Epizon, *ad Espizum* ; le titre fut scellé par Guy de Plancy, seigneur de Gondrecourt dont relevait le fief du donateur.

C'était avec une grande joie qu'Ermengarde voyait prospérer le couvent fondé par elle et par son mari. Nous la voyons donner, trois ans plus tard, 1220, une nouvelle preuve de son zèle pour la prospérité de ce monastère. En sa qualité de dame de Reynel, du consentement de Gauthier son fils et de Hugues, son petit-fils, elle confirme la donation du pré des Jardins-de-Vignes, *in jardinis Vinearum,* faite par une dame appelée Limoes. Une autre dame du nom de Magne donna aussi, de l'aveu d'Ermengarde, de Gauthier son fils, et d'Hélisende, fille de ce dernier et de Nicolas, son aïeul, la part qu'elle possédait dans ce pré.

C'est ici que doit trouver place une donation sans date qu'Amélina, ou Emélina de Reynel fit à l'église de Benoitevaux pour célébrer son anniversaire et celui de son père et de sa mère. Cette donation consistait en redevances annuelles que devaient acquitter plusieurs habitants d'Andelot, *de Andelo*. Ermengarde, dame de Reynel, en approuva les dispositions et y fit apposer son sceau.

Cette curieuse charte nous montre la ville d'Andelot possédant, dès cette époque, un maire chargé de défendre ses intérêts ; mais elle a encore à nos yeux un autre prix : elle nous donne une preuve de la générosité d'une noble dame dont on a découvert, il y a deux ans, la pierre tumulaire sur l'emplacement de l'ancien couvent des Bénédictins de Reynel, détruit par les Huguenots vers l'an 1567. Sur la surface de cette tombe nous lisons une épitaphe qui, à la simplicité du style, réunit de sublimes sentiments. Les caractères sont du xiiie siècle et offrent des beautés d'exécution que nous admirons dans les jolis manuscrits de cette époque. Chaque ligne, qui est un vers hexamètre, est séparée par un interligne en forme de doucine, et entre chaque mots se trouvent trois points verticaux.

Mundus ut apparet, subito marcescit et aret.
Quod floret mane, sero ruit et fit inane.
Dum quis stare putat, citò labitur et citò mutat.
Nec valet hoc vere genus aut probitas prohibere.
Moribus ornata, claro ne sanguine nata,
Risnelli domina quondam, jacet hic Emelina
Corporeis membris. Lux quinta a fine Novembris
Lucem subtraxit Deus: huic lux gloria pax sit.

Notre lecteur désire sans doute connaître l'histoire d'Emelina, de cette dame dont on fait un si bel éloge; nous désirerions ardemment satisfaire cette louable curiosité; mais jusqu'aujourd'hui les documents que nous avons consultés à cet effet ont été complètement stériles. Il est probable qu'Emélina appartenait à une branche cadette des sires de Reynel.

CHAPITRE II.

1221-1695.

Depuis le rétablissement de la discipline, par Elisabeth de Beaufort, jusqu'en 1695, époque à laquelle les religieuses furent obligées de quitter le couvent qui tombait en ruines.

En 1221, Benoîtevaux avait à sa tête une abbesse de la noble famille des sires de Beaufort. Les alliances de cette maison avec celle de Vignory, procurèrent au monastère un privilège d'une haute importance. Déjà plusieurs seigneurs s'étaient montrés jaloux des droits de cette abbaye et s'emparaient même de ses biens. A la prière de Guy de Vignory, *Guido de Wangionis rivo*, l'évêque de Toul, Eudes de Sorcy, pour défendre les droits et les biens donnés par ce seigneur sur le finage de Bettoncourt et toutes les autres possessions des religieuses, déclare que quiconque osera leur porter dommage tant en leurs biens qu'en leur personne encourra l'excommunication.

Elisabeth, c'était le nom de l'abbesse, sut profiter de ses liaisons avec les puissants du siècle. La princesse palatine Blanche, comtesse de Champagne, lui donne 20 solds de rente annuelle sur les foires de Bar-sur-Aube. Dans le titre, qui porte la date de 1223, Blanche, touchée de la piété d'Elisabeth, demande que l'anniversaire de Thibaut, son mari, soit célébré dans l'église du monastère. Dix-huit ans plus tard, 1241, Thibaut, son fils, donna sur les mêmes foires 40 solds de rente pour indemnité des fours d'Andelot qu'il avait reçus de leurs mains.

Deux années auparavant, 1239, Gauthier, sire de Reynel avait donné la moitié de ces fours et avait déclaré que déjà l'autre moitié appartenait aux religieuses. En 1237, Gauthier avait aussi confirmé la donation que son frère Jean, en son vivant sire de Reynel, avait faite autrefois du quart des fours de sa ville, de trois solds, monnaie de Provins, à prendre chaque année sur la vente de ce lieu et d'une charrue de terre à chaque saison, située entre Benoîtevaux et Busson, *Buchon, Buisson*. De plus, il donna un serf pour l'exploitation de cette terre et sa part de servage sur la personne d'un certain Jean Maupin. Cette donation ne devait avoir son effet qu'autant que les religieuses observeraient les constitutions de l'ordre de Cîteaux et en porteraient l'habit.

Un siècle ne s'était pas encore écoulé depuis que les premières religieuses de Benoîtevaux, soupirant après le bonheur de la religion et de la retraite, s'étaient réfugiées dans cet asile de la vertu et du repentir consacré à la Reine des vierges, que déjà l'ange du mal y avait semé la zizanie. Dieu veillait sur ce cloître qu'il avait dès les premiers jours comblé des plus abondantes faveurs. Elisabeth de Beaufort était à la tête du monastère; sa vertu était grande, mais que pouvait-elle dans une situation aussi périlleuse? Elle avait à lutter à la fois contre l'insubordination des religieuses, contre les seigneurs du voisinage et contre les fermiers de l'abbaye; tout semblait se réunir pour détruire l'œuvre de Guyard et d'Ermengarde.

Dans cette détresse Elisabeth eut recours au chef de l'église; ce ne fut pas en vain. Honoré III qui avait continué avec persévérance l'œuvre de régénération que la mort d'Innocent III avait laissée inachevée, adressa le ɪɪ des Ides de Janvier, la neuvième année de son pontificat, 1224, à l'abbesse de Benoîtevaux et à ses sœurs, une bulle qui leur accorde exemption de dîmes pour les novales qu'elles cultiveraient et feraient cultiver à leurs frais, en menaçant ceux qui tenteraient de les troubler dans ce privilège, de l'indignation du Dieu tout puissant et de celle des bienheureux apôtres Pierre et Paul.

Le IV des Ides du mois suivant le même pontife, voulant défendre nos religieuses contre tous leurs ennemis, adresse aux évêques de Langres, de Toul et de Châlons, aux abbés, prieurs, doyens, archidiacres et autres prélats de ces églises, une bulle qui nous montre que toujours le pauvre et l'affligé ont trouvé dans le successeur de saint Pierre secours et protection. Cette bulle comme toutes celles de cette époque, est terminée par la sanction spirituelle si formidable alors et cependant encore si impuissante. Honoré III se plaint avec toute l'amertume de son cœur des désordres dont se rendaient coupables ceux-là mêmes qui doivent secourir l'affligé et protéger l'innocence des pauvres. En vertu de son autorité apostolique, il leur ordonne à tous de défendre l'abbesse et les religieuses de Benoîtevaux contre les entreprises de ceux qui leur porteraient quelque préjudice, soit en leur personne, soit en leurs biens, soit contre les privilèges à elles accordés par le Saint-Siège ; il leur enjoint d'obliger par l'excommunication les coupables à la restitution. S'il advenait que le trouble fût causé par des religieux ou par des chanoines réguliers, ou des prêtres séculiers, il veut qu'ils soient suspendus de tout office et bénéfice, jusqu'à ce qu'ils aient pleinement satisfait.

Ces faveurs étaient grandes sans doute, mais ce n'était pas tout ce qu'avait réclamé le zèle d'Élisabeth qui gémissait de voir le relâchement de ses sœurs; elle avait de plus sollicité du Souverain Pontife une bulle de réforme. A cette fin, Honoré III munit de la puissance apostolique l'abbé de Clairvaux et celui de Troisfontaines auxquels fut adres-

sée cette bulle datée, comme la précédente, de Latran, le
IV des Ides de Février, la neuvième année du pontificat
d'Honoré, 1224.

« Honoré, évêque, serviteur des serviteurs de Dieu, à
» ses bien-aimés, les abbés de Clairvaux et de Troisfon-
» taines, de l'ordre de Cîteaux, aux diocèses de Langres et
» de Châlons, salut et bénédiction apostolique. L'abbesse et
» la plus saine partie du monastère de Benoîtevaux, au
» diocèse de Toul, ont fait parvenir leurs plaintes jusqu'à
» nos oreilles, sur la conduite de quelques-unes de leurs
» sœurs qui retiennent leurs propres biens, méprisent la
» discipline régulière et se rendent coupables de crimes
» énormes qui mettent en grand danger le salut de leur
» âme; elles réclament à grands cris la lime de correction.
» En conséquence, nous mandons à votre discrétion de
» vous rendre en ce lieu, et investis de notre droit de visi-
» te, remplissez-en la charge par la correction et la réfor-
» me que vous jugerez nécessaires et frappez des censures
» ecclésiastiques les contradicteurs de nos ordres (*). »

La constante sollicitude du chef de l'Église produisit son
effet : Élisabeth eut le bonheur de voir toute sa communauté revenir à la pureté de la vie monastique. En même
temps que la rosée du ciel tombait avec abondance sur Benoîtevaux, de nombreuses donations vinrent récompenser,
même dès ce monde, les vertus et les sacrifices de ses enfants. Les rois de France et les comtes de Champagne se
montrèrent bienveillants pour ce monastère et en confirmèrent plusieurs fois les privilèges. Les sires de Joinville

---

(*) Plusieurs papes, entre autres Innocent III, Martin IV, Alexandre IV, Boni-
face VIII et Sixte V accordèrent au couvent des bulles de confirmation et de protection. Les rois de France suivirent cet exemple; leurs chartes sont de 1191, 1258,
1300 et 1360.

et de Reynel et les seigneurs du voisinage se plaisaient à les combler de bienfaits.

Ces faveurs étaient dues sans doute à la haute réputation de sainteté d'Élisabeth qu'une chronique appelle fleur d'innocence. Aux vertus d'une parfaite religieuse, cette abbesse joignait une sage et intelligente administration. Ce fut elle aussi qui fit faire le cartulaire du monastère ; on le continua dans la suite et il existait encore en 1789 ; mais ce recueil qui nous eût appris l'histoire de Reynel et de ses sires, partagea le sort de tant de précieux monuments que des hommes sans intelligence reléguèrent dans l'atelier du relieur ou chez l'épicier. Il en fut de même de quelques chartes intéressantes et de plusieurs privilèges. Cependant les archives départementales possèdent encore quelques titres originaux et un grand nombre de copies. Il serait trop long de les transcrire ici, mais comme la plupart de ces titres offrent un intérêt local, nous citerons au moins les noms des donateurs et ceux des villages où étaient assis les biens et les redevances.

En 1225, nous voyons Edmond d'Ecot, *Haimo d'Escoz*, et Gérard, son fils, donner, de l'aveu de Gauthier, sire de Reynel, une rente annuelle sur leurs terres de Mareilles, de *Maroillis* (*). En 1226, André de Cloyes, de l'agrément de Roger de Poissons, *de Pessum* (**), constitue un revenu à perpétuité sur ses dîmes d'Annonville, *Hannonis Villa*, et Robert de Chevillon, *de Cavillione, de Cavillatione*, (vallée profonde) chevalier, fils du seigneur Boson, du consentement

---

(*) En 1243 Gérard était seul seigneur d'Ecot ; il certifie devant Gauthier de Vignory, son suzerain, que Richer d'Humberville, *Humberti Villa*, avait donné à Benoitevaux un cens sur les dîmes de ce village. Humberville était un fief d'Ecot.

(**) Un échange de 1269 nous fait connaître un autre seigneur de Poissons, c'est Aubert dont l'aïeul était Ferry de Vaucouleurs.

de sa femme Hélindes, fait don de quatre septiers de blé, mesure de Joinville, sur son moulin de Sommermont.

En 1231, un généreux chevalier dont les filles avaient pris le voile à Benoîtevaux ajouta encore aux revenus du monastère. Il se nommait Arnulphe Vagauncels et relevait du seigneur de Vignory. C'est Elisabeth elle-même qui nous atteste cette donation d'une rente annuelle et perpétuelle sur Cousance et de la quatrième partie de la menue dîme de ce village.

Vingt-neuf ans plus tard, Hues de Voignories, Vignory, chevalier et sire de Cousance, et Jacques son frère, confirmèrent par une charte en langue vulgaire, cette donation d'Arnulphe.

Les seigneurs de Vignory se montrèrent toujours très-bienveillants pour nos religieuses. Le sire Gauthier dont la générosité s'étendit sur toutes les maisons de l'ordre Bénédictin, n'oublia pas Benoîtevaux. Il approuva et confirma en 1235, comme seigneur suzerain, la donation que son neveu Guy, chevalier, fils d'Arthaud de Vignory, du consentement de ses frères Renald, seigneur de Villiers (Villiers-sur-Marne) et Arthold, clerc, fit à Dieu et aux sœurs de Benoîtevaux. Cette charte, parfaitement conservée et munie du sceau de Gauthier, met les religieuses en possession de tout ce que Guy possédait à Bettoncourt en hommes, bois, terres, prés et revenus.

Les religieuses ne jouirent pas toujours paisiblement de ces biens. Peu de temps après 1243, elles furent obligées de recourir à Jean, doyen du Bassigny, contre Urric de Bettoncourt. Ce chevalier prétendait jouir d'une terre que lui auraient abandonnée les anciens seigneurs de Vangion (Vignory) moyennant un cens. Urric n'ayant pu prouver son inféodation fut condamné.

Dans le même temps il y avait à Bettoncourt un chevalier nommé Guy Deschanz, d'un caractère plus doux et plus généreux. Il donna aux religieuses son pré de Leschères, *de Lescheriis*, situé sur le finage de Reynel, près de Vignes, une aire, sise à Bettoncourt, et un terrage sur le Bouverot du village (*). Gauthier, seigneur de Reynel, dont relevait ce fief, confirme cette donation dans laquelle le donateur demande que son anniversaire et celui de son épouse soient célébrés dans l'église de Benoîtevaux.

A peine les religieuses en avaient-elles fini avec Urric, que des difficultés s'élevèrent entre leur couvent et le monastère de Saint-Urbain relativement aux droits sur ce village. Les sœurs de Benoîtevaux prièrent l'abbé de la Crête de prendre leur défense. Un accord fut conclu. Et pour la paix et la sainte union elles abandonnèrent le terrage en litige. Les religieux de leur côté consentirent à leur payer une redevance annuelle à perpétuité. Dès lors la seigneurie de Bettoncourt appartient en grande partie au monastère de Saint-Urbain et au couvent de Benoîtevaux ; les seigneurs de Vignory l'ont abandonnée.

Un demi-siècle de bienfaits n'avait pas diminué le zèle d'Ermengarde pour la prospérité du monastère de Benoîtevaux. Elle voulut avant de mourir, donner encore un gage de son amour aux religieuses qu'elle avait établies dans la vallée de bénédiction. Par un acte du mois de janvier 1244, la pieuse châtelaine lègue au monastère son moulin de Reynel et témoigne le désir d'être enterrée dans l'église où elle alla avec Guyard, son époux, placer l'image de la Vierge Marie. A son décès, ce moulin reçut le nom de Moulin-Madame. Gauthier, fils d'Ermengarde, approuva cette donation (4).

(*) En 1264, en présence d'Hélisauds, dame de Reynel, Emoniars, dame de Bettoncourt, veuve de Guy, Vitiers, Othénoz et Colette, leurs enfants, reconnaissent n'avoir aucun droit sur ces biens.

(4) Je Gauthier, sires de Risnel, fas savoir à tos cex qui verront ces lettres que

L'année suivante 1245, Hodearde de Provenchères fit au couvent de Benoitevaux donation d'un cens sur huit familles d'Epizon. C'est le premier titre que nous connaissions de cette maison dont plusieurs preux chevaliers se croisèrent pour la Terre-Sainte (5).

Dans le même temps, Aubert Chaperon, chevalier de Rooucourt (Rôcourt-la-Côte), et Guy de Bettoncourt donnent un revenu sur le péage de Rimaucourt. Ce dernier, qui avait pour suzerain Hugues de Fisches, recommande son âme à Dieu devant lequel il va paraître.

En 1246, le doyen du Bassigny, Domangis, curé d'Is, adresse au seigneur de Vignory une attestation qui nous apprend que Jean de Beaurepaire avait cédé à Benoitevaux deux septiers de froment à la mesure de Bar, sur les fours de Colombey, donnés par Alix, fille d'Ermengarde de Cirey.

L'année suivante, d'après l'attestation de Guillaume de Bourmont, archidiacre de Bar, Gerbert de Villancourt donne au couvent un pré situé à Monthou (Montot), et Renaut de Montreuil, fief dépendant du sire de Sailly, lui assure une rente annuelle sur la dîme dudit Montreuil (').

---

ma chère mère Ermengarde, dame de Risnel, a donné et octroyé pour l'ame d'icelle après son décey le moulin de Risnel qui est dessus le cours des autres moulins, la ou elle sera mise et cela est fait par mon lods et par mon assentement. Ce fut faict l'an de nostre seignor mil et dous cent et quarante et quatre.

(5) Je Gautiers sires de Risnel, faz savoir à tous ceux qui verront ces lettres que Madame Hodears, la fille mon signor Jehan de Provenchières l'a doné au dames de Vaul Benoist en aumosne XVI bichez d'aveinne à la mesure de Risnel et XVI pains chascun an de rente et ces XVI bichez d'aveinne et ces XVI pains doient VIII maignies denner que elle ha a Espizon li en doit chascun des hommes qui maignie tient II bichez d'aveinne et II pains la vigile de Noël et cest dons a esté faiz par mon lous et assentement de cui c'est fief meut. Et por ce que ceste chose soit ferme et estable je ai fait mettre mon seel en ces lettres. Ce fu fait l'an de nostre Signor mil et CC et XLV en mois d'avril.

(') En 1255, Jean Adam, écuyer, était seigneur de Montreuil, Guillaume, son fils, lui succéda. En 1571, vint Marie, fille de ce dernier, et elle fut remplacée par Jeannette, sa fille.

L'année 1248, fameuse par la croisade de Louis IX contre les Sarrasins, ne s'écoula pas inaperçue pour Benoîtevaux. Les croisés, dont le retour était incertain, se préparaient aux voyages d'Outre-mer comme s'ils eussent dû mourir. Ils faisaient leur testament et partageaient leurs biens à leurs enfants ; plusieurs restituaient les usurpations qu'ils avaient commises au préjudice des églises et des monastères, et tous, même ceux qui ne se sentaient point coupables, dans l'espoir d'attirer sur eux la protection divine, rivalisaient de générosité pour enrichir les établissements monastiques. Ces nombreuses donations, la paix et la tranquillité qui régnaient en Europe depuis que des seigneurs d'une humeur belliqueuse eurent dirigé vers l'Orient leur cœur et leur courage, ne nous expliquent-elles pas la fondation de nos magnifiques cathédrales et de nos gigantesques monastères ?

Benoîtevaux eut sa part des largesses des seigneurs champenois. Pierre de Provenchères, Jean de Joinville, Aubert de Sainte-Livière, Hugues de Landricourt, n'oublièrent pas nos religieuses ; mais les titres de donations ont disparu. Nous n'avons retrouvé que celui de Wautiers de Curel, l'un des compagnons du bon sire de Joinville. Il donne deux muids de vin à prendre chaque année à perpétuité sur ses dimes d'Autigny ou sur ses propres vignes (6).

Dans le même mois et sans doute aussi le même jour,

---

(6) Je Jehans, sires de Joigville et seneschals de Campaigne, faz cognoissant à toz cels qui verront et oiront ces lettres que li sires Wautiers, chevaliers de Curel, mes homes, a denez et otrie à laiglise Sainte-Marie de Vaul Benoît par le louz et l'assentement de dame Emmeniart sa fame et par le louz de toz ces enfantz et par le louz et l'assentement de moj de cuy il tient le fie douz muis de vin en la deime d'Autignès ou en sa vigne si de la deime de falloit en aumosne chascun an a tenir perpétuellement et por ce que se soit ferme chose et estable ai je mis mon seel en ces présentes lettres. Ces lettres furent faites en l'an de l'incarnation nostre Signeur mil et douz cens et quarante et oit el mois de juillet.

Wautiers fonda son anniversaire et celui de sa femme à l'*Aiglise monseignor Sainct-Eurbain, s'il vient à plaisir à nostre Seignor qu'il meurre en la terre d'outre-mer.*

A cette époque où tous les seigneurs de France se préparaient par de bonnes œuvres à la délivrance des chrétiens d'Orient auxquels les idolâtres faisaient endurer des supplices affreux, le sire de Reynel assura l'existence d'un établissement fondé par ses ancêtres pour le soulagement des pauvres et des malades. La maladrerie de Reynel, soit par suite d'une mauvaise gestion, soit pour d'autres causes, était réduite à une grande misère et ne pouvait plus conséquemment répondre au but des fondateurs. Gauthier, du consentement des frères et des sœurs de cette léproserie réunit cet établissement au couvent de Benoîtevaux *à condition que les nonains pourvoiraient aux soins des malades.* Nous nous bornons à ces quelques mots sur la maladrerie de Reynel; elle fera l'objet d'un article spécial.

En 1249, au mois de juillet, l'abbesse de Benoîtevaux, c'était toujours la pieuse Elisabeth de Beaufort, obtint d'Odon, abbé de Vaux-en-Ornois, une attestation qui nous apprend que Gérard de Montot avait donné à son couvent tout ce qu'il possédait par droit d'héritage sur ce village. Maubert, bourgeois de Roche (*), et Dominique, clerc de Landéville, figurent dans cet acte comme témoins. Depuis quelques années, une discussion assez vive s'était élevée entre les nones de Benoîtevaux et Jean, chapelain du sire de Reynel ; celui-ci prétendait avoir sur les fours de Reynel des droits que lui contestaient avec raison les religieuses. Par l'entremise de Gauthiers, un accord fut conclu en 1253 au mois de décembre; c'est le dernier acte que nous con-

---

(*) Maubert et Andraïs, son épouse, donnèrent à Benoîtevaux, en 1270, des droits sur les moulins de Cultru, de Bettaincourt, de Doulaincourt et des Roijes.

naissions du fils de Guyard et d'Ermengarde. Gauthier n'avait que des filles qui portèrent à leurs époux l'héritage de leur père ; nous en connaissons deux : Hélisends qui fut mariée à Geoffroy de Clermont, et Alix, seconde femme de Jean, sire de Joinville. Désormais la terre et seigneurie de Reynel va se trouver divisée. Dès l'an 1260, Geoffroy de Clermont prend le titre de sire de Reynel. L'acte qui nous atteste ce fait est une donation par laquelle Geoffroy et sa femme donnent à Benoitevaux vingt bichets de blé à prendre chaque année à perpétuité sur le four de Millières, savoir : 10 bichets seulement, pendant leur vie, et 20, après leur mort. Le bichet est estimé 18 deniers. Nous n'avons pu connaître la famille de ce Geoffroy ; il n'appartenait pas à l'illustre famille de ce nom qui déjà jouait un grand rôle dans l'histoire de France, car, dans un titre de 1262, il reconnaît qu'il n'a point de sceau. Nous transcrivons cette pièce, peut-être sera-t-elle de quelque utilité dans la suite pour assigner à Geoffroy une place dans le nobiliaire de Champagne (7).

Le zèle des sires de la maison de Joinville ne s'était point ralenti après les sacrifices de la croisade. A son retour Jean approuve une donation d'une rente perpétuelle sur les dîmes

---

(7) Je Jeoffroy de Clermont, sires de Rinel ; et je Hélissens sa femme faisons savoir à tous cel qui verront ces lettres que Jehans et Jehenote sa fame et Perenos ; et Delenote sa fame ; et Orios li clers; lor frères ont vendu à tous ; jors à l'abesse et au convent ; de Vaul Benoist ; de l'ordre de Cistel ; un pré qui siet desus lou moulin de vignes por trente-sept livres de fors ; Desquex li dit frères et les dites fames se tiénent por paié entièrement ; et ont promis li dit frères et les dites femmes par los fois lesquex ils ont baillies en nos mains porter leau garantie ; à la dite abbesse et au dit couvent envers totes gens ; de la nomée vendue jusque a droit ; et ont enquor promis li dit frères et les dites fames quil ne venront ne feront venir contre ladite vendue et por ce que ceste chose soit estauble ; je joffrois parce je n'ai point de scel ai fait amettre lou scel Hélissant ma fame en ces lettres sans autrui droit ; ce fut fait en l'an de nostre Signor : mil dous cens, et sixante dous ans ; en mois de novembre.

de Pancey, faite par Jean de Curel, chevalier, et par Reniers, son frère. Les donateurs tenaient cette dîme en fief, de Philippe, châtelain de Bar, et en arrière-fief de Jean. Ce seigneur, à la prière de l'abbesse de Benoîtevaux, donne dans le même temps un vidimus d'un acte par lequel Robert de Joinville, sire de Sailly, son cousin-germain, atteste que Marguerite de Biaumont, sa sœur, donne à Benoîtevaux ses foulons de Somme Tenance (Thonnance-les-Moulins) (*), avec l'autorisation d'élever des bâtiments pour l'utilité de cette usine. Robert approuve de plus la cession que sa sœur fait en faveur de ce monastère, des droits qu'elle possède à Bettoncourt. Cette générosité de Robert de Joinville ne nous étonne plus, quand nous apprenons, dans un acte de 1263, qu'il avait une fille religieuse à Benoîtevaux (8).

La noble famille de Joinville ne laissait échapper aucune occasion de témoigner sa bienveillance aux religieuses de Benoîtevaux. Ce fut à la prière de Jean qu'en 1265, Thibaud, roi de Navarre et comte de Champagne, pour le remède de

---

(*) Une donation de revenus situés à Somme-Tenance que fait en 1190 Béatris de Givoncourt aux sœurs de Benoîtevaux, nous cite un Simon de Flammerecourt, frère de la donatrice, dont relevait ce fief.

(8) Robert de Joinville sire de Sailley faz savoir à tous ceuz qui verront et orront ces présentes lettres que Messires Nicholes de Summe tenance, chanoines de Rinel estaibliz en ma présence por le remède de sous ayme de son père et de sa mère et de ses ancessoirs par révérance de moi et de Anfélix ma fame et de Izabel ma fille noncin de Benoîtevaux por pitance faire a donnée et otroie en deu et en aumone au couvent de Valbenoit sa vigne à touz jors a tenir qui siet en finage de Summe tenance ou val cum apello dimereval de souz la vigne le preste et de souz la vigne Raoul, en teil meniere que li dis Nicholes tant cum il vivera taura et auera la dite vigne, et après son deset la dite vigne revanra ligement et franchement et sans contredit audit couvent de Benoîtevaux, sauve ma coustume que li dit couvent cest à savoir de trois deniers et maile me rendera chacun an et à mes hoirs des or en avant à la St-Remey et ceste dite aumone de la dite vigne si cum sires de cui ladite vigne muet ai je loe otroie et conferméc par le lous et par lotroi de Anfelix ma feme et por ce que ceste chose soit ferme et estauble je ai mis mon soel en ces présentes lettres. Ce fut fait l'an de nostre signor que li miliares corroit pour mil et CC et LX trois om mois de mars.

son âme confirma la donation qu'avait faite Gauthier, du moulin neuf, situé au-dessus de la léproserie de Reynel et de l'usage dans ses bois pour les réparations du dit moulin (*).

Trois ans plus tôt, mai 1262, Jean avait lui-même approuvé cette donation (9).

Dans le même mois de la même année 1262, Jean donna, de l'aveu de sa femme, aux religieuses, une charte confirmative de tous les biens et aumônes que messire *Viars, sire de Resnel, et ses deux fils messire Jehan et messire Gauthier, seigneur de Resnel, sa en arrières ont donné et octroyé à Dieu et à Nostre-Dame et à l'église de Benoistevaux.* Cette charte fut faite au castel de Rimaucourt par la main de Monseigneur Humbert de Vesqueville que Jean appelle son chapelain.

Peu auparavant, en 1261, l'abbaye de Sept-Fontaines privée de ressources et accablée de dettes, avait eu recours aux religieuses de Benoîtevaux ; celles-ci lui vinrent en aide, mais ce ne fut cependant pas sans se faire céder au prix de cent livres tournois, plusieurs belles propriétés, entre autres le moulin de la Joue dans le voisinage de Ro-

---

(*) En 1269, Thibaud donna aux religieuses des lettres d'amortissement pour tous leurs biens donnés ou acquis.

(9) Jehan, sire de Joyville seneschaus de Champaigne fas savoir à tos ces qui voiront et orront ces présentes que messire Gaulthier sire de Reynel ci-devant en sa bonne mémoire et en son bon sens donna à Diex et à Nostre-Dame et à saint Antoine de Benoistevaux et aux dames qui y servent nostre Seigneur pour le remède de son âme et de celle de ses prédécesseurs lesquelles dames sont en ma garde et l'abbaye devant nommée son neuf moulin qui est assi dessus la maison des mesels de Resnel et li doient tenir en teil point comme messire Gaulthier devant dit le tenoit et encore leur donna lisoaire dans ses bois pour le moulin retenir et ce dont je lou et confirme et promets à tenir per durablement par le lods et l'otroy d'Alis ma fame qui fut fille du devant dit Gaulthier seigneur de Resnel de par laquelle les devant dis héritaige et le devant dit moulin descend sauf ma garde en ces choses devant dites et ma justice aussi et por que ceste chose soit ferme et estable etc.

che-sur-Rognon, avec toutes ses dépendances, prés, terres et autres possessions (*). On ne sait trop à quoi attribuer cette pauvreté, car les monastères jouissaient alors de grandes richesses ; peut-être pourrait-on donner cette raison que les petits seigneurs de Champagne et de Lorraine qui n'étaient point partis pour la guerre sainte, continuaient leurs luttes intestines et n'épargnaient pas les couvents situés sur le théâtre de leurs dévastations. Le titre constatant la vente du moulin de la Joue nous apprend le nom d'un abbé de Sept-Fontaines, Balduin, qui fut le rédacteur du contrat. Ni la *Gallia christiana* ni la chronique de Sept-Fontaines ne font mention de cet abbé; sans doute qu'on peut le placer entre Marcelin II qui paraît en 1224 et Gérard qui fut nommé en 1264 (**).

En 1272, Jean, sire de Joinville et Alix de Reynel, sa femme, confirment toutes les donations qui ont été faites à l'abbaye et lui accordent dans leurs bois tout ce qui lui est nécessaire pour chauffage, vouage et maisonnage. Par reconnaissance, les religieuses s'engagent à prier chaque jour pour l'âme de ces seigneurs et de leurs ancêtres. C'est Guillaume de Vesqueville, chapelain du bon sire qui écrivit ce privilège. Dans la même année, Jean consentit à une donation que son neveu Guy, sire de Sailly, fit à Benoîtevaux en considération de sa sœur Anceline, religieuse de ce monastère. Cette do-

---

(*) Cette propriété fut souvent l'objet de vives contestations entre les deux abbayes. En 1301, les abbés de la Crête et du Val-des-Ecoliers, qui avaient été nommés arbitres, n'osèrent prononcer une décision. Cependant on finit par s'entendre. Sept-Fontaines se désista de ses droits à condition que les nones lui paieraient chaque année une redevance de 15 sols 4 deniers. Mais en 1341 s'éleva une nouvelle difficulté : le bailli de Chaumont obligea Benoîtevaux à rendre le moulin et ses dépendances à Sept-Fontaines qui versa la somme de cent livres tournois, prix de l'acquisition faite en 1264. Les contestations recommencèrent en 1344 et en 1354.

(**) De 1224 à 1264, les annales de cette abbaye sont interrompues.

nation consistait en revenus sur le moulin d'Espieloy (Echainey).

En l'année 1280, des conventions furent arrêtées entre Jean et Alix et le couvent concernant les quatre moulins de Reynel : le moulin Madame, le moulin Joseph, le moulin Neuf et celui des Mezels (lépreux). Ce titre nous apprend que les habitants de la ville de Reynel et des deux bourgs (faubourgs de Reynel) (*) devaient faire moudre leur blé à ces moulins banaux sous peine d'amende et de confiscation. Jean promet d'exécuter ces conventions et se soumet à encourir l'excommunication s'il vient à les enfreindre. Cet acte est le dernier où nous voyons figurer Alix, la bonne et fidèle compagne de Jean.

Une charte de 1290 nous fait connaître qu'avant d'aller recevoir la récompense de ses vertus, la noble fille de Gauthier de Reynel avait, ainsi que plusieurs sires et dames, choisi son lieu de repos dans l'église Notre-Dame de Benoitevaux. Ce titre est l'un de ceux où se traduisent si naïvement les sentiments religieux de l'ami de St-Louis et sa vive tendresse pour une épouse chérie. Combien les hommes d'alors étaient différents de ceux d'aujourd'hui ! Jean, l'un des hommes les plus distingués de notre vieille France, par sa noblesse, sa valeur et sa science, ne croit point indigne de lui de faire brûler chaque jour devant le tombeau de sa compagne, des flambeaux, symbole d'amour et d'immortalité (10).

(*) Un titre de 1295 cite le vieux bourg de Reynel proche la ville.

(10) Au nom dou Père et dou Fils et dou Saint-Esprit, Amen, et en l'oneur de Diez et de sa sainte mère et de toz les saints et de totes les saintes. Jo Jehans, sires de Joingville, sénéchals de Champaigne, establis en l'aiglise de Benoitevaux, quatre cierges de doze livres de cire por arder à tousiours mais, chascun un, quant on chantera li messe et li vêpres céans, et cez cierge est mis aux pieds de la tombe de ma bonne compaigne Alis, dame de Joinville et de Risnel, que

Après la mort d'Alix, Anselme de Joinville, son fils, prit le titre de seigneur de Reynel. De concert avec Laure de Sarrebruck, sa femme, il fait avec Benoîtevaux un échange qui tend à réunir en sa personne les seigneuries de Reynel et de Rimaucourt. Fidèle imitateur de sa vertueuse mère, Anselme se montra toujours le protecteur du couvent. Le mercredi *après la Saint-Remi de Saint-Hilaire* 1332, il intervint en sa faveur auprès du chapitre de Reynel qui refusait de payer des cens légitimement dus. Jeanne, dite Picarde, abbesse de Benoîtevaux, et Agnès de la Potière de Fronville souscrivirent à cet arrangement. Agnès succéda à Jeanne en 1243. Son couvent se composait alors de treize religieuses de chœur ; nous l'apprenons par un échange fait entre cette abbesse et Thibaut de Mont-Félix, abbé de Saint-Urbain. C'est le seul acte que nous connaissions de son administration. L'histoire de Benoîtevaux ne nous offre plus de documents avant 1397. En cette année un chapitre général de l'ordre de Citaux mit notre monastère sous la dé-

---

Dieu absoille, et encore establis-je une lampe qui alumera de jour et de nuit, sans esteindre, pour que Dieu donne à elle et à mois et à mes anfants et à nos successeurs et à nos prédécesseurs, la joyeuse clarté des cieux qui jamez ne faillira, et ces luminaires que j'établis sera payé chascun an, en teille manière que qui soit, sires de Joinville, apportera ou enverra audit Benoîtevaux un cierge de troiz livres de cire et six sols tournois pour acheter l'huile de ladite lampe. Après que qui soit, sires de Risnel apportera ou enverra aussi en Benoîtevaux, un cierge de troiz livres de cire et six sols pour l'huile de ladite lampe. Après, le procureur de Montier-sur-Sault apportera ou enverra aussi en Benoîtevaux, un cierge de troiz livres de cire et six sols pour ladite lampe. Après, le procureur de Bonney apportera ou enverra aussi en Benoîtevaux, un cierge de troiz livres de cire et six sols pour l'huile de ladite lampe; et veux et octroye que toz ces prévots dessus dits, soint tenu à ce faire et à payer la vigile de Toussaients chascun un an, à tousiours et s'ils ne le faisaient, les officiaux de la chrétienté de leurs lois porraient excommunier ou faire excommunier à la requeste des dames de Benoîtevaux et doivent compter les seigneurs desdits lieux, la cire et les deniers susdits auxdits prévost desus nommez, et pour que celle chose soit ferme et estable, j'ai scellé ces lettres de mon seel par le lods et par le lotroy de Jehan mon fiz. Ce fu fait en l'an de grâce mil et dous cent quatre vingt et dix el mois de novembre.

pendance de l'abbaye de Clairvaux. Ce chapitre produisit les plus heureux résultats. Toutes les maisons de l'ordre brillèrent d'un nouveau et presque dernier lustre par l'éclat de toutes les vertus monastiques. A cette époque, Benoitevaux avait à sa tête Jeanne de Saint-Urbain. Cette abbesse, dont la sollicitude s'étendait et sur le spirituel et sur le temporel, fit transcrire et réunir dans un cartulaire toutes les chartes et privilèges de son couvent. C'est elle-même qui nous l'apprend dans une attestation signée de toutes ses sœurs. Le soin que mit Jeanne à conserver ces titres ne préserva pas son monastère des tentatives d'usurpation.

Raoul Pisel, sergent forestier d'Alix de Vaudémont, dame de Chastellot, de Chatel-sur-Moselle et de Reynel (*), avait confisqué les charrettes, les chevaux et les fermiers que les religieuses avaient envoyés dans le bois de Javot et de Melaix pour y chercher leurs affouages. Celles-ci intentèrent un procès, et le 26 juin 1406, Alix déclara que l'abbesse et le couvent de Benoitevaux avaient droit d'usage dans les bois des seigneurs de Reynel. Le chapitre de Reynel à son tour vint en 1443 troubler la paix ; il s'opposait à la perception des droits que les religieuses avaient sur la vente aux foires et marchés de Reynel. On intervint et la tranquillité fut rétablie : « *pour bien de paix et de concorde et pour nour-*
« *rir et avoir bon amour entre les dites parties, icelles*
« *d'un commun accord et consentement par le moyen*
« *d'aucuns leurs bons amis desdits discords et débats*
« *ont en présence des dits jurés traité et accordé amica-*
« *lement, etc., etc.* »

Un différend, survenu entre Benoitevaux et l'abbaye de

(*) Alix, la plus jeune des deux filles d'Henri, comte de Vaudémont, dernier seigneur de la maison de Joinville, épousa Thibaut de Neufchâteau, maréchal de Bourgogne, et apporta à son mari la seigneurie de Reynel.

Vaux-en-Ornois ne se termina pas aussi facilement. L'abbé de Morimond fut obligé de se transporter sur les lieux, le 8 mai 1449, et d'user de son pouvoir de haute justice. En présence et de l'avis des abbés de la Crête et d'Escurey, après avoir vu les titres de Benoîtevaux et discuté la réponse de l'abbé de Vaux, il condamne ce dernier à payer aux religieuses, à perpétuité, trente bichets de froment et soixante-dix bichets d'avoine à la mesure de Reynel, avec menace de suspense *à divinis,* si dans la suite ledit abbé élevait de nouvelles difficultés à cet égard. Les abbés de Vaux oublièrent sans doute cette sentence, car très-souvent ils refusèrent de satisfaire aux droits de Benoîtevaux ; mais toujours, quoiqu'avec grand regret à la vérité, ils furent obligés de s'exécuter.

La dernière moitié du xive siècle ne nous présente aucun monument. Nous ne trouvons que le nom d'Agnès de Neufchâtel, abbesse en 1479, et celui d'Ide qui, avec sœur Isabeau, comparaît, le 19 mars 1400, aux assises de Reynel, pour obtenir main-levée en faveur de son couvent.

Le zèle des donateurs s'était beaucoup refroidi dès la fin du xive siècle ; ce fut néanmoins une des plus belles périodes du monastère de Benoîtevaux. Les religieuses, uniquement occupées à servir Dieu, persévéraient dans l'esprit de la réforme établie par les abbés de Clairvaux et de Trois-Fontaines. Cet état de prospérité se prolongea jusqu'à la fin du xve siècle. Alors on eût dit que la dernière heure du monastère de Notre-Dame allait bientôt sonner, et plus nous avançons vers les temps modernes, plus la décadence, d'abord lente, semble présager une ruine inévitable. La paisible demeure de Benoîtevaux ne devait cependant porter aucun ombrage aux ennemis de la France.

La Lorraine et les frontières de la Champagne étaient le théâtre de guerres désastreuses. Charles-le-Téméraire, ce redoutable ennemi de Louis XI, s'était emparé de Nancy et la terre de Reynel n'avait point échappé au ravage.

Depuis vingt-deux ans les chanoines de Reynel ne pouvaient payer leurs redevances aux sœurs de Benoîtevaux. Les religieuses eurent recours au roi de France, Louis XII. Dans les lettres patentes données par ce prince le 2 mai 1508, nous lisons : *Tant à l'occasion des guerres que par ci-devant ont eu cours audit pays, par quoi ladite abbaye a été presque du tout desnuée de religieuses que aussi parce qu'elles n'avaient procureur ni autres solliciteurs de leurs affaires et négoces, et est venue ladite abbaye presque du tout dirupte et démolie.*

Les seigneurs de Reynel, protecteurs-nés de l'abbaye, s'interposèrent aussi en sa faveur, et une transaction eut lieu. Voici quelques lignes de cette pièce qui constate et la pauvreté des religieuses et le bon vouloir du Chapitre : *Nous, doyen et Chapitre de Notre-Dame de Reynel, désirant l'augmentation et l'accroissement des personnes religieuses d'icelle povre maison de Benoîtevaux, afin que le divin service y puisse être plus amplement continué jour et nuit par lesdites personnes à l'honneur et révérence de Dieu notre benoist créateur, sa glorieuse Mère et toute la cour céleste, pour le salut des âmes des fondateurs et fondateresses, et aussi en regard et compassion à la povreté du lieu et des personnes illec servants à Dieu jour et nuit et pureté et mundicité, et afin d'être associés et participants en icelles leurs dévotes prières par le conseil et consentement de très-hauts et puissants seigneurs, messire Jean d'Amboise, chevalier, et de noble dame Catherine de Saint-Blin, otroyons les menues deimes de leur ville de Busson,* etc., etc.

C'était Françoise de la Ferté qui gouvernait alors l'abbaye. Son nom nous est transmis par une remise d'une rente annuelle de dix livres tournois due à Catherine de Saint-Blin.

En 1520, Jeanne de Mont-Didier avait succédé à Françoise de la Ferté. Trois ans plus tard, Catherine de Saint-Blin, pour la tranquillité de sa conscience, à la décharge des âmes de ses prédécesseurs, donna à Jeanne le quart de ses dîmes en vin de Soncourt. Cette noble dame de Bussi, Sexfontaines, Blaize, Reynel, etc., autorise son bailly, Antoine Huyard, seigneur d'Argentolles, de tracer les limites de Benoitevaux contre les manants de Busson et de Reynel. Frère Robert de Vaudémont, abbé d'Ecurey, paraît dans cet abornement comme procureur des religieuses (*).

En 1546, Prudence de Mailly était abbesse. Les acquisitions qu'elle fait à Busson nous la montrent encore à la tête du monastère en 1555 et 1556.

A cette abbesse succéda en 1572, nous ne savons si ce fut immédiatement, Catherine de Pradine, fille du seigneur de Semoutier. Un acte de cette année, passé devant Jean Magnien, écuyer, *licencié-ès-lois, bailli et garde du scel du tabellionnage* de Reynel, nous cite le nom de plusieurs religieuses : Catherine de Pradine, abbesse ; Edme de Mailly, prieure ; Françoise de Montrebi, Nicole Guignarde, Jeanne de Pradine, Edme et Isabeau de Lantages. Madame de Pradine, accepta, le 15 mars 1590, une curieuse donation dont voici la substance : Prignot-Fournier, de Saint-Urbain, se donne avec tous ses biens présents et à venir à l'abbaye de Benoitevaux, à condition qu'il y sera logé, nourri, vêtu et entretenu suivant son état, et qu'à sa mort on y fera le service ordinaire ; qu'à perpétuité ladite abbaye célébrera ou fera célébrer, pour lui et ses parents, quatre grand'messes

---

(*) Cet acte parle d'une grande voie qui conduisait de Mont à Chaumont. Qu'était ce mont ? une redoute ou une simple éminence ?

de morts aux Quatre-Temps. Les biens du donateur consistaient en cent trente *journels* de terre ou vignes situés à Saint-Urbain et à Vaux. Nous ne comprenons pas comment ce généreux habitant de Saint-Urbain choisit pour retraite Benoîtevaux, car, selon un titre de 1585, cette abbaye était en ruines. De plus, n'est-il pas étrange de voir un homme se présenter comme oblat dans un monastère de filles? Il est vrai qu'à cette époque le prieur ou aumônier des religieuses demeurait à Benoîtevaux, mais en dehors de l'enceinte du couvent; il est probable que messire Prignot devint le commensal du directeur des nonains.

L'abbesse de Pradine, que nous retrouvons encore en 1608, était allée recevoir la récompense de ses vertus. Madame de Brille lui succéda. En 1611, elle acheta de Dom Masson, abbé de Morimond, moyennant 4,000 livres, la grange de Domme, qu'en 1218 un seigneur de la Fauche avait donnée à ce célèbre monastère. D'après les conditions de la vente, l'abbesse de Benoîtevaux devait établir en ce lieu un prieuré composé de douze religieuses et dépendant de Morimond, sinon ladite grange reviendrait de droit à ses anciens possesseurs. Cette acquisition fut plus préjudiciable qu'avantageuse à Benoîtevaux, car madame de Brille ne put fonder le prieuré, et ce fut en vain que plus tard elle réclama l'argent qu'elle avait versé. Cette religieuse fut remplacée par Catherine de Beaujeu qui, en 1623, loua à bail emphithéotique un héritage situé à Vignes, pour subvenir aux réparations de son couvent (*).

Madame de Beaujeu ne négligea rien pour arriver à ce but. En 1639, elle adressa au seigneur de Reynel une re-

---

(*) Jeanne de Pradine, prieure, Marguerite de Romécourt, sous-prieure, Claude de Toulongeon et Humberte de la Rochette, religieuses de chœur, signèrent ce bail.

quête à l'effet d'obtenir l'autorisation de couper dans les bois des arbres de construction. Cette pièce nous apprend que l'abbaye avait été saccagée et presque entièrement détruite par les Suédois en 1638. Ces alliés de Louis XIII se firent remarquer entre tous les autres par leur haine contre la religion catholique. Il n'y eut point d'atrocités qu'ils ne commissent dans la malheureuse Lorraine. Aussi un auteur du temps les appelle-t-il l'horreur du genre humain : *Omnium bipedum sceleratissima colluvies*. Sans respect ni de lieux, ni de personnes, ils se ruaient sur tous les villages, les pillaient et les ravageaient. Plus de six cents églises furent profanées, les autels renversés, les vases sacrés indignement souillés. « *Plus de troupeaux à la campagne, plus de laboureurs dans les champs; les chemins mêmes et les sentiers abandonnés, inconnus. Le soldat lubrique et impitoyable, n'épargnant ni le sacré ni le profane, exerçait sa brutalité et sur les biens et sur les corps. Les vierges consacrées à Dieu n'étaient plus en sûreté dans leurs cloîtres, ni les filles entre les mains de leurs mères, ni les femmes mariées entre les bras de leurs maris. Les sacriléges, les incendies, les profanations des lieux les plus sacrés, n'étaient regardés que comme un jeu.* »

Telle était la situation de la Lorraine et des pays limitrophes durant ces temps infortunés. La plupart des religieuses de Benoîtevaux s'étaient retirées dans leurs familles; mais, le 15 mars 1642, Claude Briffaut, abbé de Morimond, en sa qualité de commissaire-général de l'ordre de Citeaux, les rappelle dans leur couvent en leur permettant toutefois de conserver les pensions que leur auraient faites leurs parents.

Jusqu'alors Benoîtevaux avait joui de la libre élection de ses abbesses; mais ce couvent va subir le funeste changement introduit dans la discipline monastique, par le concordat de Léon X avec François Ier. Dès lors c'en est fait de l'indépendance des monastères ; le roi nomme lui-même aux dignités. Que de fois son choix tomba sur des favoris et même sur des indignes !

C'était l'an 1668. Marie-Louise Gauthier de Givry, transférée de l'Ordre des Chanoinesses régulières de Saint-Augustin à l'ordre de Citeaux, demande des bulles en cour de Rome pour obtenir le siége abbatial de Benoîtevaux. Nous n'avons pas trouvé dans les archives la présentation royale ; mais l'information que fit Mgr Charles Bourlon, évêque de Soissons, nous porte à croire que Louis XIV ne fut point étranger à la nomination de cette religieuse. Les sœurs de Benoîtevaux ne voulurent point d'abord reconnaître madame de Givry. Elles avaient élu une d'entre elles pour succéder à Catherine de Beaujeu. Peu après, touchées des vertus de cette abbesse, elles se soumirent.

Dès les premiers jours de son gouvernement, Madame de Givry fit preuve de zèle et de fermeté. Le seigneur de Reynel était loin de protéger l'œuvre de Guyard et d'Ermengarde : uni à d'autres seigneurs, ennemis du couvent, il avait obtenu du roi de France des lettres défendant à Benoîtevaux de recevoir des novices. Madame de Givry fit retirer ces lettres, et plusieurs familles de Champagne et de Lorraine lui offrirent leurs enfants. Une de ces nobles filles, Marie-Louise de Sinote, fille de Valter de Sinote et d'Anne-Barbe de Choiseul, voulut contribuer au rétablissement du monastère dans lequel elle allait faire sa profession. En 1675, elle lui fit donation de tous ses biens meubles et immeubles. Mais tant de généreux efforts furent pourtant inutiles, car la visite que fait, en 1684, frère Claude Petit, abbé de La Ferté, au diocèse de Châlons-sur-Saône, nous montre le triste état de l'abbaye. Le cloître, le chapitre et tous les autres bâtiments, qui, en 1636, avaient été la proie des flammes, s'écroulaient chaque jour. Les religieuses furent forcées d'éta-

tablir leurs cellules dans une partie de l'église qui menaçait
çait également ruine(*). Les revenus n'étaient pas dans un
meilleur état. Un compte rendu, le 10 octobre 1691, par
sœur Anne de Nicey, cellérière, porte la recette à 59 livres,
et la dépense à 51 livres 18 sols. La cellérière était peut-
être la seule qui restât au couvent, car nous savons que
madame de Givry s'était retirée à Paris dans une maison de
son Ordre. Pour les religieuses, les unes avaient trouvé asile
dans les communautés du voisinage et les autres chez leurs
parents(**).

(*) Cette église se composait d'un sanctuaire à cinq pans et de trois nefs renfermant quatre travées. Deux travées de la nef principale, la nef latérale sud et deux travées de la nef latérale nord allaient tomber.

(**) Madame de Beaujeu avait choisi le château de son neveu, seigneur de Chambroncourt, et madame de Simony, celui de Brouthières qu'habitait son frère.

CHAPITRE III.

Depuis 1695, époque où les religieuses abandonnèrent leur couvent qui tombait en ruines, jusqu'à la révolution de 1789.

Le vieux monastère de Notre-Dame était désert, et les hôtes qui l'avaient conservé pendant cinq siècles fuyaient cette demeure où jadis régnait la plus douce paix. Qu'elle sera désormais accablante de tristesse cette terre abandonnée ! Ses ruines vont devenir le repaire des animaux sauvages et de l'oiseau de la nuit. De loin en loin le voyageur et le pélerin oseront encore y pénétrer pour s'agenouiller devant l'image de la Vierge Marie. Là , viendront aussi quelques âmes affligées qui aiment la pieuse solitude des bois et des montagnes ; aux pieds de Marie, notre refuge, elles puiseront le courage pour faire avec résignation le pélerinage de cette vie à l'éternité. Le cœur de plus d'une religieuse dut souffrir en quittant la vallée bénite. Suivons ces vierges timides cherchant, comme la colombe, un lieu pour se reposer.

L'abbesse de Benoîtevaux avait séjourné peu de temps à Paris. Dans l'espérance de réunir près d'elle ses sœurs bien-aimées, elle était venue se fixer à Chaumont-le-Bois. Plusieurs avaient déjà rejoint leur mère , et quelques-unes habitaient encore dans leurs familles (*) quand l'abbé, général

---

(*) Mesdames de Simony, de Choiseul, de Lantages et de Beaujeu.

de l'Ordre, pour préserver ces religieuses des dangers du siècle, les obligea de se réunir dans un lieu plus voisin de leur maison de profession. Dociles à l'ordre de leur père en Dieu, nos religieuses se retirèrent, le 11 novembre 1701, dans la ville de Reynel ; elles y achetèrent un ancien bâtiment qui avait appartenu autrefois à la maison de Beaujeu. Madame de Givry réunit sous sa direction sept religieuses de chœur, quatre sœurs converses, une novice, une religieuse de Charenton et six pensionnaires (*). Cette abbesse était depuis près de trente ans à la tête du monastère. Elle avait traversé des temps bien difficiles ; son zèle pour le rétablissement de sa communauté n'avait pas été sans quelques succès. Toutes les sœurs avaient retrouvé, sinon les souvenirs de Benoîtevaux, au moins leur ferveur primitive. Madame de Givry crut son œuvre achevée, et, ne voulant plus s'occuper que de sa propre perfection, elle se démit de son titre d'abbesse en l'année 1716. Sa mort suivit de près : son âme s'envola vers Dieu le 18 septembre de cette année. Messire Nicolas Richelet, doyen de la collégiale du château de Reynel, directeur des dames, nous apprend qu'elle fut inhumée dans le chœur de l'église de son abbaye. Madame Gauthier de Givry désirait depuis quelque temps quitter sa charge. Elle avait demandé, en 1715, au général de l'Ordre, la permission de recevoir dans sa communauté Anne-Marguerite Certain de Germay, et semblait dès lors la désigner pour lui succéder. Celle-ci sollicitait en cour de Rome l'autorisation de passer de l'Ordre de Saint-Benoît dans celui de Cîteaux ; elle était religieuse du prieuré du Val-d'Osne, transféré à Charenton. Cette faveur lui fut accordée le

---

(*) Mesdames Marie de Reynel, Marie d'Aulnay, de Morambert, prieure, Jeanne Piat, cellérière, Anne Cadic, chantre, Marguerite de Rocourt, Catherine Prévost, Hélène de Simony, toutes dames de chœur.

16 août 1715. Sa nomination à l'abbaye de Benoitevaux (*) fut adressée au Saint-Siége par Louis XV, le 28 juin 1716 (11). Il paraît que le roi tenait beaucoup à cette nomination, car il pria le cardinal de la Trémouille, protecteur des affaires de France à Rome, de faire ses diligences pour obtenir les bulles et provisions de madame de Germay. Pendant la vacance, cette dame avait déjà été investie de tout pouvoir par l'abbé de Cîteaux, et ses bulles ayant été signées à Rome, le 23 juin 1717, la nouvelle abbesse prit possession, le 1er août, avec le cérémonial accoutumé (**); elle poursuivit avec zèle l'œuvre de madame de Givry. Dès les pre-

---

(*) Ce couvent porta toujours ce nom quoiqu'il fût transféré à Reynel.

(11) Très-saint Père, l'abbaye des religieuses de Benoitevaux, Ordre de Cîteaux, au diocèse de Toul, étant à présent vacante par la démission pure et simple de sœur Marie-Louise Gauthier, dernière titulaire d'icelle, et étant bien informé des bonnes vie et mœurs, piété, suffisance, capacité et autres vertueuses et louables qualités qui sont en la personne de sœur Anne-Marguerite Certain de Germay, religieuse de l'Ordre de Saint-Benoist, nous, en vertu de l'indult de notre saint Père le Pape Clément IX pour la disposition des bénéfices situés dans les trois évêchez de Metz, Toul et Verdun, et de l'aveu de notre très-cher et très-aimé oncle le duc d'Orléans, régent de notre royaume, la nommons, présentons à Votre Sainteté à ce qu'il luy plaise, sur notre nomination, présentation et réquisition, la pourvoir de ladite abbaye à la charge néanmoins de la somme de trois cents livres de pension annuelle et viagère que nous désirons, sous le bon plaisir de Votre Sainteté, être doresnavant payés à ladite sœur Gautier de Givry sur les fruits et revenus de ladite abbaye, franche et quitte de toutes charges ordinaires et extraordinaires tant par ladite sœur Certain de Germay que par celles qui pourraient luy succéder à ladite abbaye, lui en accordant et faisant, à cette fin, expédier toutes bulles et provisions apostoliques requises et nécessaires et pour la création et homologation de ladite pension suivant les mémoires et supplications plus amples qui en seront présentées à Votre Sainteté; sur ce nous prions Dieu, très-saint Père, qu'il vous conserve longues années au régime et gouvernement de notre Mère, sainte Eglise. Ecrit à Paris, ce 28e jour de juin 1716. Votre dévot fils le roy de France et de Navarre. *Signé* : LOUIS. Et plus bas : PHELIPPEAUX.

(**) Assistaient à cette cérémonie : Nicolas Certain de Germay, écuyer, seigneur de Noncourt, Cirfontaines, etc., et dame Marguerite de l'Isle, son épouse, père et mère de l'abbesse; Nicolas-François Certain de Germay, chevalier, seigneur de Germay, Bressoncourt, Germisey, Maudres, etc., et Charles-Auguste Certain, écuyer, ses frères.

miers jours de son gouvernement elle dut réclamer des droits que lui contestaient injustement les curés de Reynel, de Busson et de Leurville. De leur côté, les fermiers de l'abbaye se considéraient comme propriétaires et refusaient de payer aucune redevance. Le roi et l'évêque de Toul, sur la demande des religieuses, ordonnèrent des poursuites contre les usurpateurs, et justice fut rendue. Cependant le curé de Busson continua toujours ses vexations ; il alla jusqu'à refuser les sacrements aux nouveaux fermiers. Le curé de Reynel suivit les traces de son confrère de Busson. Nous allons à cette occasion citer un fait curieux à plus d'un titre : D'après un antique usage, les habitants du val de Rognon et de la seigneurie de Reynel amenaient chaque année, le jour de saint Eloi, leurs chevaux autour de l'église de l'abbaye pour être bénis avec la relique du patron des laboureurs. Le curé de Reynel et les chanoines de la collégiale du château devaient ce jour se rendre processionnellement au couvent pour y célébrer la messe et les vêpres avec la plus grande solennité. Le curé, qui, sans doute, avait quelque intérêt à changer le lieu de cette cérémonie, prétendit que lui-même pourrait bien faire la bénédiction près de son église. Une autre difficulté se présenta en 1734. Quelques ennemis de l'abbaye obtinrent de Louis XV des lettres de cachet défendant aux religieuses de recevoir des novices (12). Madame de Germay se plaignit de cette mesure, et le roi révoqua son ordre.

---

(12) De par le roi. Chers et bien-aimés, Ayant jugé à propos par des considérations particulières d'empêcher qu'il ne soit dorénavant reçu aucune novice dans votre communauté, nous vous faisons cette lettre pour vous en donner avis et vous dire que vous ayez à vous conformer ponctuellement à ce qui est en cela de notre volonté sous peine de désobéissance, et la présente n'étant pour autre fin, nous ne vous la ferons plus longue ny plus expresse. N'y faites donc faute, tel est notre plaisir. Donné à Versailles, le 5 avril 1734. *Signé* : LOUIS.

A cette époque, les communes de Roche, Bettaincourt, Cultru, Saint-Evre, Busson, Leurville et Reynel intentèrent un procès à l'abbaye pour leurs droits de pâturage et d'affouage. L'abbé d'Ecurey, M. Henrion de Pancey, engagea les religieuses à la conciliation. Sa lettre, datée de 1743, respire la modération la plus sage, la plus sincère piété. « *Les personnes religieuses*, dit-il, *doivent le bon exemple, et l'on obtient plus avec la patience qu'avec les procès* (*). »

Madame de Germay était morte depuis quelque temps et dame Thérèse-Pétronille de Vaulx d'Achy lui avait succédé. Le couvent ne comptait plus alors que trois religieuses de chœur : madame Cadic de Roocourt, prieure ; madame Hélène de Simony, madame Christine de Valleron, et trois sœurs converses. Ce fut, pour ceux qui déjà avaient sollicité la suppression de Benoîtevaux, une occasion de revenir à la charge. L'évêque de Toul secondait ces vues, et si M. de Clermont d'Amboise, seigneur de Reynel, ne s'y était op-

---

(*) Le 1er mars 1734, frère Jean-Baptiste Henrion, alors coadjuteur d'Ecurey, avait visité Benoîtevaux. Dans son procès-verbal il comble d'éloges madame de Germay. Cette pièce nous prouve que M. Henrion était non-seulement un vertueux abbé, mais un sage agriculteur. Elle renferme un inventaire de tous les titres de l'abbaye.

Les religieuses avaient des droits seigneuriaux sur les villes de Reynel et d'Andelot, sur les villages de Rimaucourt, Montot, Roche, Cultru, Bettaincourt, Doulaincourt, Leurville, Busson, Humberville, Orquevaux, Epizon, Pancey et Cousances. Leurs principaux gagnages étaient la ferme de Benoîtevaux et celle de Beaulieu. De plus, elles possédaient en propriétés 405 arpents de bois, des droits d'usage dans plusieurs forêts, des moulins et fours banaux à Busson, Reynel, Andelot, et une partie des grosses et menues dîmes sur plusieurs villages de la contrée. Elles jouissaient aussi du droit de minage et d'étalage sur les denrées exposées et vendues aux foires et aux marchés de la ville de Reynel. Ainsi elles percevaient sur chaque bichet de grain vendu, deux écuelles, *montant lesdites deux écuelles à une pinte*. Il était un autre droit dont nous ne connaissons point l'origine ; ne serait-ce pas une critique ? *Quiconque occira bœufs et vaches, au couvent apportera les langues des vaches et bœufs occis*. Un boucher de Reynel fut tenté de se soustraire à cette obligation. On lui fit un procès ; il fut condamné aux frais et à la restitution.

posé, les nones de Notre-Dame auraient été obligées de se disperser dans d'autres maisons. Le général de l'Ordre envoya le prieur de l'Isle constater l'état du monastère. Ce commissaire conclut que *les ressources étaient suffisantes pour l'entretien de douze religieuses de chœur, et que les dames avaient des fonds disponibles pour la reconstruction de la maison, qu'ainsi il fallait faire de pressantes démarches pour obtenir la révocation de la défense faite aux religieuses.* Voici les motifs allégués par le visiteur : *L'abbaye de Benoîtevaux est une source intarissable pour les pauvres, un refuge pour les filles pieuses de famille, et il est peu de communautés dans les environs.* C'était le dernier signe de vie du monastère de Notre-Dame de Benoîtevaux. L'orage de la Révolution française grondait dans le lointain ; il menaçait la religion et la patrie de terribles malheurs. De toutes parts retentissait le cri d'alarme, et les religieuses tremblaient dans leurs cloîtres. Enfin un décret de l'Assemblée constituante, du mois de février 1790, ordonna l'abolition de tous les ordres religieux, et l'abbaye fondée par saint Bernard fut enveloppée dans la suppression générale.

NOTES HISTORIQUES

SUR

LES VILLAGES DU VAL DE ROGNON.

Le val de Rognon, *vallis Rodionis* ou *Rogionis* qui s'étend depuis Andelot jusqu'à Donjeux, faisait partie de la Gaule celtique. Au ve et au vi^e siècle, il dépendait du royaume de Bourgogne et vers le milieu du ixe, il appartenait à Vibert, comte d'Andelot, *de Andelous, de Andelau*, à qui Lothaire, roi de Lorraine, l'avait donné en récompense de ses services. Mais en 871, Vibertus donna en aumône, à Ebon, archevêque de Reims, et à son chapitre, tout ce qu'il possédait dans le val de Rognon en hommes, bois, prés, terres cultes et incultes. Hugues-le-Grand, père de Hugues-Capet, comte d'Andelot, de Bologne, du Bassigny, etc., confirma plus tard cette donation.

C'était avec des yeux d'envie que le comte de Troyes, Hugues Ier, voyait le val de Rognon au pouvoir du chapître de Reims. Sous prétexte de protéger et de défendre les possessions des chanoines, il se fit déclarer en 1125 leur avoué et leur protecteur, mais à condition qu'on lui céderait la moitié du pays.

L'ambition des comtes de Troyes n'était pas encore satisfaite. Henri II profita de l'absence de Hugues, comte de Chaumont, alors en Palestine, pour s'emparer en 1190 de toute cette contrée. Il se concilia la bienveillance des habitants en leur accordant des droits de pacage dans les bois qu'il venait d'usurper. Thibaut III marcha sur les traces de son père et oublia que le val de Rognon était indivis entre son domaine et le chapitre de Reims. Il donna en 1199 aux religieuses de Benoîtevaux des droits de chauffage, de pacage et de maisonnage dans la forêt de Mont-Chaumont, sans consulter les chanoines ; ce fut la cause de bien des difficultés entre eux et l'abbaye. Dès lors le seigneur de Reynel et tous les possesseurs des fiefs de cette contrée reconnurent pour suzerain le comte de Champagne, et s'ils accordent aux abbayes de Sept-Fontaines, de Benoîtevaux et de Clairvaux et au chapitre de St-Mammès de Langres, quelques droits de dîmes et autres, c'est toujours de l'aveu et du consentement du comte.

Ce fut vers cette époque, XIIIe siècle, que le chapitre de Reims accorda aux habitants du val de Rognon des droits de *paisson*, de *glandée* et d'*uffouage* ; mais les officiers du roi de France, lequel avait succédé au comte de Champagne, leur suscitèrent souvent des procès. Toujours le chapitre soutint les habitants : ainsi en 1445, il obtint du roi un partage dans lequel on donnait aux sept villages du val la propriété d'une partie des bois et des droits d'usage dans plusieurs autres. Cet arrangement n'empêcha point le procureur du roi et quelquefois même le grand gruyer de l'église de Reims d'enfreindre ces conventions.

Ces tentatives d'usurpation eurent lieu principalement dans la première partie du XVIIe siècle. Vers 1665, la maîtrise de Wassy s'attaqua non-seulement aux communautés, mais au chapitre ; celui-ci amena l'affaire devant le parlement et un nouveau partage eut lieu en 1666, le 15 novembre et les jours suivants. Alors la maison de Guise avait succédé aux droits du roi. Marie de Lorraine, duchesse de Joyeuse et de Guise, vendit, le 9 avril 1676, la seigneurie de Roche et de Bettaincourt à Gaspard de Ponts avec tous ses droits sur ces deux villages. Doulaincourt, St-Brice, St-Evre, Villainecourt restèrent à la maison de Guise.

Le val de Rognon ne comprenait dans le principe que sept villages: Doulaincourt, St-Brice, St-Evre, Villainecourt, Bettaincourt, Cultru et Roche. Dans la suite, vers le xiv° siècle, Saucourt en fit partie. Nous allons donner sur chacun de ces villages quelques notes historiques que nous pourrons compléter plus tard en poursuivant nos études sur les établissements monastiques de notre diocèse.

1° Doulaincourt.

Doulaincourt, *Dolenscurtis, Dolincuria, Dulincort*, sur la rivière du Rognon, à 35 kil. S.-E. de Wassy, son chef-lieu d'arrondissement, et à 35 kil. de Chaumont, est un chef-lieu de canton du département de la Haute-Marne. En 1830, Doulaincourt ne possédait point ce privilège : il était de la circonscription cantonale de Donjeux. Mais alors une sage administration sut profiter des revenus de la commune la plus riche peut-être du département. Le conseil municipal fit valoir l'importance de sa population, et promit d'élever un monument qui offrirait à la justice de paix et aux réunions cantonnales de vastes appartements que Donjeux était dans l'impossibilité de fournir. Le gouvernement reconnut l'utilité de la translation, et Doulaincourt devint le chef-lieu du canton. Une maison commune qui mérite bien le nom d'hôtel-de-ville, fut construite et renferma dans son enceinte non seulement la justice de paix et la mairie, mais une halle spacieuse et les deux maisons d'école. Le conseil municipal ne s'arrêta point là ; il fit faire et aujourd'hui encore entretient avec un grand soin tous les chemins vicinaux et ruraux qui relient Doulaincourt aux villages de son canton. De son côté la nature a répandu quelque charme sur ce pays. Le Rognon dont les eaux bleues et limpides offrent à la truite purpurine et au brochet, son compère, des retraites bien souvent troublées, donne à toute cette vallée une vie qu'animent encore les belles usines construites sur son rivage. Les côteaux de la rive gauche et leurs sommets sont couverts de bois, richesse du pays, et présentent à l'œil fatigué un immense rideau de verdure. Qu'on nous permette néanmoins d'exprimer ici un regret. C'est avec peine que le touriste aperçoit les côteaux de la rive droite du Rognon complètement dénudés. L'amateur des beaux sites et l'homme de finances réclament de l'autorité des plantations qui donneront à la vallée et l'utile et l'agréable. Déjà quelques propriétaires du *Retondelu* et surtout le possesseur de la *Croix de Chauffour* ont donné l'exemple ; nous en avons l'espoir, ils seront imités (*). L'administration municipale ne s'est pas occupée seulement des intérêts matériels ; les enfants des deux sexes reçoivent une instruction gratuite, et des soins assidus sont donnés aux pauvres et aux malades. Honneur à l'administration qui comprend ainsi ses devoirs. L'école des garçons est dirigée par un instituteur intelligent et zélé ; et les bonnes sœurs de la Providence, de Langres, installées seulement depuis cinq ans, ont prouvé qu'il appartient surtout à des religieuses de former à la pratique des vertus les jeunes personnes qui, un jour, doivent faire le bonheur des familles.

Le premier titre où nous ayons vu *Doulaincourt* cité est de 1155; c'est une donation du comte de Troyes aux religieux de Sept-Fontaines.

En 1270, Audrus de Roche, femme de Jean Maubert,

(*) L'habitant de Doulaincourt est très-laborieux, si depuis quelques années il n'a pu continuellement se livrer à l'industrie métallurgique, il a donné son temps à la culture de la vigne. Ces premiers essais font espérer que Doulaincourt fera bientôt une récolte de vin suffisante à sa population.

seigneur de Villaincourt, donne au couvent de Benoitevaux des biens situés à *Doulaincourt* (14).

En 1277, paraît Etienne, curé de Doulaincourt, et un seigneur du lieu appelé Viart (15).

Les archives que nous avons consultées se taisent depuis lors jusqu'au règne de Louis XI, époque à laquelle Doulaincourt fut presque détruit dans la guerre de Charles-le-Téméraire contre le roi de France. A peine se relevait-il de ses ruines que les Huguenots l'incendièrent en 1567. L'année 1636 lui fut aussi bien funeste ; les Suédois exercèrent dans toute la vallée leur fureur anti-catholique. Aussi en

---

(14) Je Pierre Gaste Avoisne, bailly de Chaumont, fais à sçavoir à tous ceux qui ces présentes lettres voiront et oiront qu'en ma présence fut establis personnellement pour ceste chose Andrus de Roche qui fut femme de Jean Maubert, a recognu pardevant moy de sa propre volonté sans force nulle quelle vend, octroye, quite et donne à religieuse femme abbesse et au couvent de Yeau quatre bichet de froment ou de mouture lesquels Voisbourg qui fut femme de Simonin le doyen avait donné et laissé en aumosne à la dite abbesse et au dit couvent à prendre et à recevoire un chascun an si comme il disait par les lieux et en ces lieux après dist. C'est à savoir un bichet de mouture au moulin de Doulaincourt, un bichet de mouture au moulin de Cloyes a promis et promet la dite Andriez quelle en encontre cete octroyance et quitance par ly ni par autrui quelle nira viendra ni fera venir : en cet témoignage de cette chose à la requeste de la dite Andrey mon scel en ces présentes lettres qui furent faites l'an de grâce mil deus cens soixante et dix du mois d'octobre.

(15) Je Gautiers de Roche, prévot de Montesclair et je Estenes curies de Dolaincort faisons à savoir à tous ces qui verront et orront ces présentes lettres que en nostre présence estaublit Aubertin le fis signor Weart lou clerc de Dolaincourt et Jehennete, sa femme qui fut fille signor Molain de Villaincourt ont recogneu quil ont vendu a tous jours à l'abbesse de Benoitevaus et au couvent de ce mesme leu deux bichez de moture quil avoient ens molins de Curtru et de Bettaincort cest à savoir en chacun molin un bichet parmi quarante sols de provenisiens fors des ques deniers le dit Aubertin et Jehennete sa feme ce tienent por bien paie de la dite abesse et dou dit couvent en bonne monoie numbrée. Et de ce vendage dessusdit ont promis les devant dit Aubertins et Jehennete sa feme par lour fois donees corporement en nos mains à porter leault garantie a la devant dite abbesse et au devant dit couvent envers toutez gens qui a droit voraient venir. En tesmoignaige de laquelle choze a la requeste des parties dessusdites nous avons mis nos scel en ces présentes lettres qui furent faites en l'an de grâce mil et deuz cens sissante et dix et sept anz ou mois d'avrj.

1640, il ne restait plus que quelques pauvres bûcherons que la misère forçait souvent à mendier leur pain de chaque jour. Dans cette détresse, le chapitre de Reims, les moines de Clairvaux et Mme de Guise vinrent au secours de cette communauté qui redevint florissante en 1701. Plusieurs écuyers qui à cette époque habitaient Doulaincourt avaient contribué à cette amélioration. Nous pouvons citer les sires de Ponts, seigneurs de Doulaincourt, quelques chevaliers de la famille des Legendre, seigneurs de Bettoncourt, famille originaire de Brachey alliée à celle d'Oriocourt.

En 1778, messire Charles-Sébastien Hubert, comte de Gestas, seigneur de Donjeux et autres lieux, possédait la seigneurie de Doulaincourt. Vers le même temps, le chevalier Toupot de Béveaux jouissait aussi de quelques droits seigneuriaux sur ce village.

Si maintenant les documents nous manquent, quelques noms de contrée nous rappellent des faits bien antérieurs aux précédents. Ainsi les Cugnots (*) sont une preuve que dans les forêts du val de Rognon les Druides vinrent couper le gui sacré.

La Maladière doit être pour les habitants de Doulaincourt un sujet de regrets. Là s'élevait autrefois un hôpital fondé par le chapitre de Reims, et qu'un prêtre du pays avait doté d'un héritage appelé *la Combe du Prêtre*. La combe des Nouvervilles nous présente les traces de deux métairies qui existaient encore au XVIe siècle.

De toutes les maisons seigneuriales que l'on voyait autrefois à Doulaincourt, une seule mérite encore ce nom; c'est le joli manoir de M. Toupot de Béveaux, représentant à l'assemblée Constituante et à la Législative. Cependant nous n'avons pas vu sans intérêt les restes de l'ancienne

---

(*) Voyez *Moines du Der*, pages 558 et suivantes.

maison de chasse des Guises, habitée au commencement du 18ᵉ siècle par les d'Oriocourt. Ces restes accusent l'architecture de François 1ᵉʳ. Le tympan d'une cheminée que l'on voit au premier, a piqué notre curiosité. C'est un bas-relief où paraissent cinq personnages : à droite trois femmes dépouillées de tout vêtement, et à gauche un guerrier presque nu ; au milieu est un vieillard qui a deux ailes sur le front et semble présenter une des femmes qu'il tient par la main au guerrier qu'il frappe en même temps d'un coup de poignard et aux pieds duquel est son casque et le gantelet de sa main gauche. Derrière la victime se trouve un cheval tout sellé. Au bas des groupes on voit un lévrier, et au-dessus deux oiseaux s'élançant dans les airs. Le fond du sujet présente des tours, des fortifications et un clocher.

Nous désirerions terminer ce court article par la description d'une église monumentale ; mais l'édifice consacré au culte chrétien, sous le vocable de St-Martin, n'a aucun caractère architectural. Si nous n'avons pu admirer, dans les pierres de cette église, l'expression de la croyance de nos pères, nous avons dû bien des fois reconnaître la foi vive et le zèle éclairé du vénérable pasteur que le ciel a donné à cette population qui n'a pas, comme tant d'autres, oublié le chemin de la maison de Dieu.

3° St-Brice.

Saint-Brice, *Sanctus Bricius*, qui n'était séparé de Doulaincourt que par le Rognon, formait encore paroisse et communauté au xvıᵉ siècle. En 1567, les Huguenots détruisirent complètement ce village. L'église fut incendiée, la toiture et le clocher réduits en cendres ; mais la dévotion des habitants du val de Rognon conserva, jusqu'en 1789, la chapelle dédiée au disciple de saint Martin (*).

(*) Là on ne voit plus maintenant qu'une croix de station.

3° St-Evre.

Saint-Evre, *Sanctus Aper,* occupait le plateau où se trouve aujourd'hui le cimetière de Bettaincourt et dominait la vallée du Rognon. Ce village remontait à une haute antiquité ; des titres du 9e siècle en font mention. Sa cure fut donnée en 1140 à l'abbaye de Sept-Fontaines, par Geoffroy, évêque de Langres. St-Evre fut, comme St-Brice, victime de la fureur des Huguenots. Les habitants de Bettaincourt qui possèdent le territoire de St-Evre, ont conservé longtemps le sanctuaire de l'église dédiée au saint évêque de Toul. Il fut détruit il y a 18 ans seulement.

4° Villainecourt.

Villainecourt, *Villani curtis, Villainecourt,* appartenait aux chanoines de Reims dans le 9e siècle. En 1246, il avait pour seigneur Arnould de Chaumont, prévost de Montesclair. Jacoba, sa veuve, Michel, son frère, et Ponce, sa sœur, reconnaissent, en présence du prieur du Val des Écoliers, que ledit Arnould, pendant sa dernière maladie, étant dans son bon sens, avait légué en pure aumône, à l'abbaye de Sept-Fontaines, pour le salut de son âme et pour celui de sa femme et de ses héritiers, la sixième partie de la dîme de Villainecourt et tous ses droits sur ce village. Le seigneur de Chaumont partageait la terre de Villainecourt avec d'autres nobles chevaliers ; nous voyons Eudes, Maubert, Raoul et Molin de Villainecourt. L'église de cette paroisse était sous le vocable de saint Nicolas. Aujourd'hui on ne connaît pas même l'endroit où ce village était situé.

5° Bettaincourt.

Bettaincourt, *Bertani curia, Bertoncort, Ptincourt,* si l'on en croit un chroniqueur de l'abbaye de Sept-Fontaines, aurait existé avant tous les villages du val de Rognon ; nous ne savons sur quoi il appuie son récit. Peut-être n'est-il pas dénué de quelque fondement, car on y a découvert des tombeaux romains et gaulois sur la fin du siècle dernier. Quelques médailles à l'effigie d'Antonin, et des débris de vases antiques furent recueillis près des cercueils.

La cure de Bettaincourt, son autel dédié à N.-D. dans sa Nativité, passèrent successivement au chapitre de Reims, aux moines de la Crête, de Clairvaux et de Sept-Fontaines. Ce village éprouva le même sort que Doulaincourt dans les guerres du xve siècle et dans les luttes sanglantes entre les Guises et Coligny.

Le premier titre qui paraît depuis ces ravages nous montre que les habitants de Bettaincourt ne furent pas toujours les admirateurs des usines, car, en 1578, de concert avec le chapitre de Reims, ils s'opposèrent à la construction d'une forge que M. de Toulongeon, seigneur de Riaucourt, devait, en vertu de lettres patentes du roi, construire entre ce village et Doulaincourt. On s'imaginait que cette usine causerait la ruine du pays et la forge ne fut point construite. Peu après, l'histoire de Bettaincourt se confond avec celle de Roche.

Quelques contrées de finage portent des noms qui peuvent avoir une signification de quelque intérêt. Ainsi la contrée du *Montier* nous indiquerait une maison religieuse; le *Sentier de l'Ermite* nous rappellerait le souvenir de quelque pieux solitaire, et le *Chemin des Fées*, celui de ces femmes mystérieuses, l'épouvante et la vénération de nos pères. Ne peut-on pas voir aussi dans le *Château-Vert* et le *Beau-Château* quelques débris d'anciens castels ?

6° Roche.

Roche, *Rupes, Rocha*, à 6 kilomètres de Doulaincourt,

est cité dans le titre de donation de Vibertus au chapitre de Reims. Son histoire, jusqu'au milieu du xvi° siècle, est commune avec celle des autres villages du val de Rognon. Cependant des titres du xii°, du xiii° et du xiv° siècle nous apprennent qu'il existait à Roche des chevaliers qui portaient le nom de seigneurs de ce pays. Cette famille donna deux abbés à Sept-Fontaines : Jean de Roche qui gouverna cette abbaye pendant 20 ans et mourut en 1366, et Aubert de Roche, son neveu, qui parait en 1378. Sous le règne de ce dernier, Jean de Roche, chevalier, donna, par un testament fait devant son frère Gauthier, curé de Roche, un bois qui se trouvait entre ce village et St-Evre ; il y exprima le désir d'être enterré à l'abbaye de Sept-Fontaines dans le caveau de Gauthier, son père. Les curés de Roche et de St-Evre, et tous les prêtres qui assisteront à son enterrement ne sont point oubliés par le testateur.

En 1388, Bertrand de Roche, chevalier, frère de l'abbé Aubert, fit également une donation à cette abbaye, toujours à condition qu'il y sera enterré avec son père, sa mère et sa première femme.

La seigneurie de Roche appartint successivement jusqu'en 1676, aux comtes de Champagne et à la maison de Lorraine. Le 9 avril de cette année, Mme de Guise vendit la terre de Roche et de Bettaincourt à Gaspard de Ponts, fils de François de Ponts, seigneur de Rennepont et de Bouvigny. Gaspard possédait aussi la seigneurie de La Ville-aux-Bois. François de Ponts, dès l'an 1639, le 14 avril, avait reçu par transmission, la partie domaniale du val de Rognon, qui avait été accordée en 1612, au sieur de La Rivière de Joinville, contrôleur de la maison de la reine. Pierre de Ponts succéda à son père Gaspard. Tous les deux furent presque continuellement en lutte avec Roche et Bettaincourt. Si nous nous en rapportons aux mémoires publiés en faveur de ces communes, MM. de Ponts n'auraient cessé de les voler et Pierre aurait même fait venir une compagnie d'un régiment de cavalerie, dont il était lieutenant-colonel, pour vexer les habitants *chez qui les soldats avaient été mis à discrétion.* Mais si nous écoutons le mémoire de M. de Ponts, le factum des habitants serait une calomnie, car le comte Pierre était alors en Italie avec ses trois fils ; Mme de Choiseul, son épouse, habitait seule son château.

Le chef du parti communal était un procureur appelé Collet ; il avait obtenu de la *Table de Marbre* la permission de saisir des bois que le seigneur avait achetés pour exploiter les forges de Roche. Mme de Ponts réclama devant le grand conseil et les habitants furent condamnés. Alors ceux-ci investirent le château, enfoncèrent les portes, brisèrent les meubles et se livrèrent à toutes sortes de violences. Cet attentat fut l'objet d'une plainte au roi, et les habitants, assistés de leur syndic et de leur procureur, vinrent humblement désavouer, le 21 janvier 1703, la conduite des émeutiers et donnèrent satisfaction à leur seigneur. Il paraît néanmoins que messire Pierre avait l'humeur un peu tracassière, car il était sans cesse en guerre ouverte avec messire de Ponts d'Annonville, son parent, seigneur de Doulaincourt. Il eut pour successeur son fils Claude-Alexandre qui lui-même fut remplacé en 1774, par Alexandre-Elisabeth, son fils. Vers 1788 un nouveau procès fut entamé et 1825 seulement en vit la fin.

Roche possédait au moyen-âge un hôpital sur le ruisseau nommé *Veire*. En 1172, Pierre de Brixey, évêque de Toul, donna à Sept-Fontaines cette maison-Dieu et toutes ses dépendances avec exemption de dîmes.

Une charte de 1220 nous est une preuve que Blanche, comtesse de Champagne, voulait aussi étendre sa bienveillance sur le val de Rognon. Cette princesse s'entendit avec Pierre, abbé de Sept-Fontaines, pour bâtir deux villages aux granges de Bugnémont et de Roidon ; nous ne savons si ces villages furent construits.

Sur le territoire de Roche se trouve la vallée de Franchevaux ; c'est là que frère Josbert, fondateur de Sept-Fontaines, vint fixer sa première demeure. *C'est,* dit la chronique, *un lieu affreux dans un bois où coule un ruisseau qui se décharge dans la rivière du Rognon près du village de Roche* (*).

7° Cultru.

Cultru, *Curtru,* sur la rive droite du Rognon, qui au xviii° siècle formait une communauté, n'est plus aujourd'hui qu'un hameau que se partagent les deux communes de Roche et Bettaincourt.

8° Saucourt (**).

Saucourt, *Salx curtis, Salscort, Saucuria* et même *Soncuria,* fut donné avec Domremy aux religieux de St-Remi de Reims. Ce village posséda ses seigneurs particuliers depuis le xii° siècle jusqu'au xv°. Au xvii° et au xviii° siècle, la seigneurie passa d'abord aux seigneurs de Ponts d'Annonville, puis aux sires de Donjeux.

9° Val-de-la-Joue.

Maintenant que notre rôle de chroniqueur de Notre-Dame de Benoîtevaux est terminé, qu'il nous soit permis,

---

(*) Nous espérons publier un jour l'histoire de Sept-Fontaines.

(**) L'historique de ce village se rattache à l'histoire de Saint-Urbain qui paraîtra prochainement.

après avoir étudié le passé, de dire quelques mots du présent. Nous l'avons vu, l'inflexible faulx du temps n'a pas même laissé de ruines dans la vallée bénie. Un amas de pierres que recouvraient d'épais buissons pouvait à peine attester l'existence de la maison de la prière. Mais si du passé on n'a plus que des souvenirs, dans le présent on trouve un état de choses plein de vie et de fertilité. Tous les terrains dépendant de l'ancienne abbaye sont en culture, et l'étang, longtemps veuf de ses belles truites, les revoit fendre ses eaux limpides.

M. Maix a pu réunir au Val-de-la-Jouc le bois de l'Anée (*), la Réserve-des-Dames, la forêt de Benoîtevaux, celle de Mont-Chaumont (**) et la ferme de Benoîtevaux. Ce vaste domaine renferme six cents hectares. La métairie des religieuses, que le défaut de culture avait rendue stérile, et le Val-de-la-Joue ont surtout fixé l'attention de notre savant agriculteur. Cette métairie est une véritable ferme-modèle, où l'on voit fonctionner tous les instruments aratoires perfectionnés qui doivent apporter une grande économie dans la main-d'œuvre et faire sortir l'agriculture de la voie routinière. Il y a cinq ans, le Val-de-la-Joue était un vrai désert où ne croissaient que des ronces et des épines. Depuis longtemps on l'avait abandonné, et cette vallée, d'une longueur de trois à quatre kilomètres, ne voyait que de loin en loin le soc de la charrue ouvrir un rare sillon, et encore le débordement du ruisseau venait-il presque toujours lui enlever sa terre végétale. On s'imaginait qu'il était impossible de fertiliser ce terrain. M. Maix, persuadé que le mot d'im-

---

(*) Les nones de Benoîtevaux avaient le droit de prendre chaque jour dans ce bois la charge d'un âne. C'est l'origine de son nom.

(**) Mont-Chaumont faisait partie de la dot que Jeanne de Navarre apporta à Philippe-le-Bel.

possibilité n'est pas français, a osé entreprendre ce travail ; ses efforts ont été couronnés d'heureux succès. La vallée est aujourd'hui défrichée, nivelée et couverte de magnifiques prairies où s'applique un vaste système d'irrigation. Des bassins habilement ménagés utilisent cinq fois les mêmes eaux qui enfin viennent alimenter un moulin de construction moderne et en pleine activité.

M. Maix a marché dans cette voie de progrès avec assurance, car il connait la formation des différents dépôts diluviens du sol qu'il enrichit; il a étudié les diverses stratifications géologiques d'un terrain que l'on croyait indigne de culture, et, sous sa main habile, ce domaine a tellement changé de face que, dans peu d'années, la ferme elle-même ne le cédera point en productions aux riches couches de la vallée. Il a su approprier les produits au sol et cultiver son terrain de manière à obtenir les plantes de diverses natures.

Au milieu des belles et riches prairies nouvellement créées vient s'ébattre un troupeau plein de vigueur et de santé, donnant à ce paysage une animation qui a tout l'aspect d'une Suisse en miniature. Mais au lieu du chalet helvétique s'élève une belle habitation de maître, entourée de jardins potagers et fruitiers où croissent à l'envi le melon, le pêcher, le raisin et tous les fruits des lieux les plus fertiles. Tout, dans cette délicieuse demeure, invite à la joie la plus pure : doux murmure des eaux, gazouillement enchanteur du rossignol, roucoulement de la colombe, aimable solitude des bois. Ici, l'âme pieuse du pélerin et le cœur sentimental ne sont pas réduits à soupirer et à gémir. Dans les hôtes actuels de cette vallée, où plus d'une fois le bon sire de Joinville et sa fidèle Alix vinrent goûter le calme et le bonheur, nous avons vu réunis des mœurs simples et des manières prévenantes, la politesse et la franchise, la décence et les agréments, le travail et les doux plaisirs, la sagesse et la liberté. Oh! oui, aujourd'hui comme au moyen-âge, Benoitevaux est digne de son nom.

Honneur soit rendu à M. Maix (*) qui, transportant dans cette nouvelle patrie adoptive son intelligence et son infatigable activité, a vaincu tous les obstacles, et, par un travail soutenu, a reconstitué un des plus beaux domaines de notre département. Ne rend-il pas aussi un immense service dans ces temps difficiles où tant de bras sont inoccupés? Il est une Providence pour l'ouvrier sans travail, et un guide éclairé pour le cultivateur de nos campagnes, car il ne se contente pas de donner des leçons, il met la main à l'œuvre. Il a parfaitement compris tout ce que la culture du sol peut amener de bien-être dans la famille du pauvre, et il lui apprend à faire produire au bout de champ que lui a laissé son vieux père tout ce qui sera nécessaire à l'entretien de sa femme et de ses enfants.

Par reconnaissance pour de si grands services et aussi dans l'intérêt des populations de cette contrée, tous les hommes d'intelligence et de progrès demanderont que bientôt soit exécutée la voie qui, par le Val-de-la-Joue, reliant le val de Rognon à Grand (**) donnera accès au canal de la Marne au Rhin et à la grande ligne du chemin de fer de Paris à Strasbourg.

(*) M. Maix occupe dans le conseil général de la Meurthe un poste qu'il remplit avec lumière et dévouement.

(**) Ce chemin doit aussi se relier à la route de Paris en aboutissant à Juzennecourt.

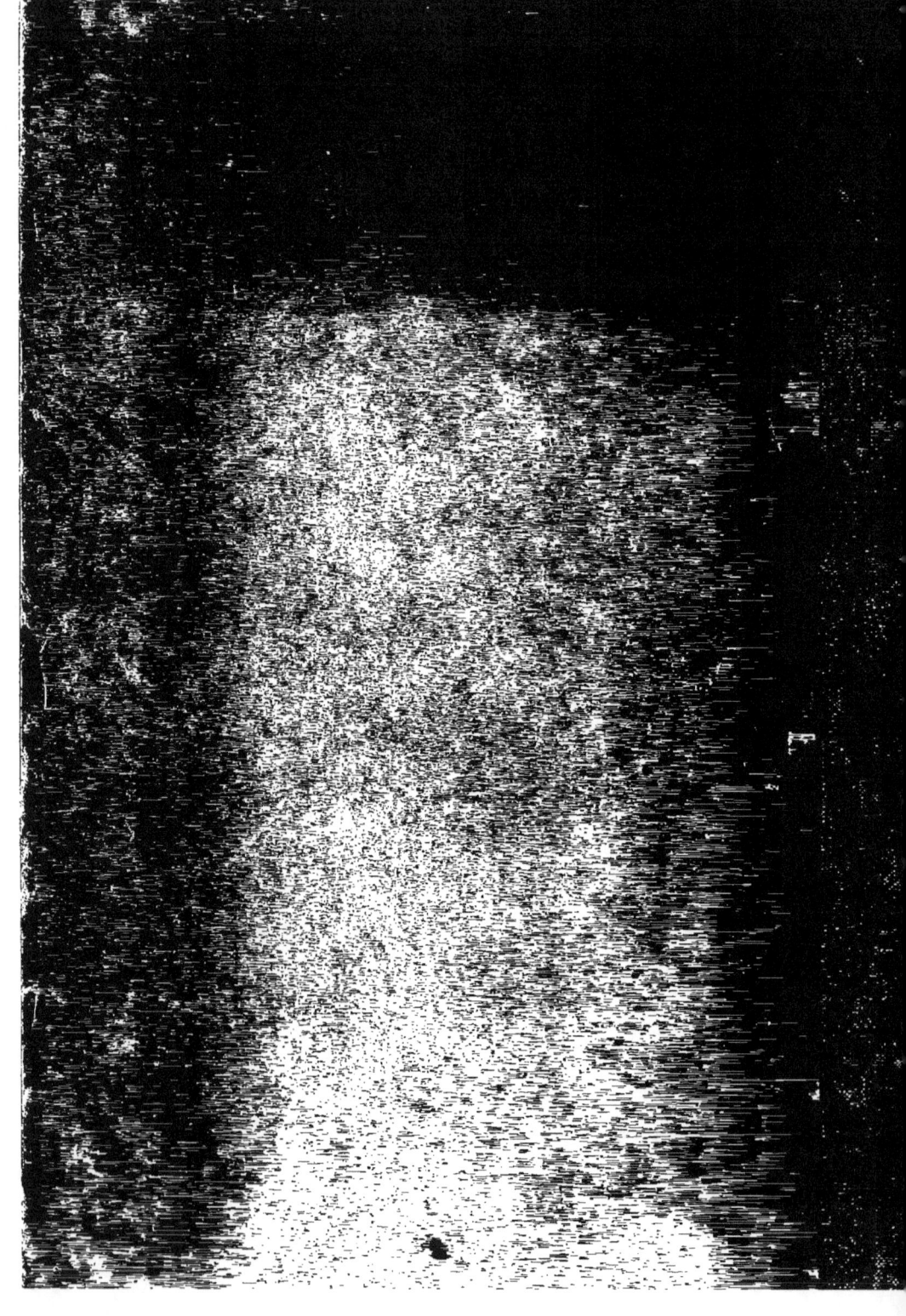

www.ingramcontent.com/pod-product-compliance
Lightning Source LLC
LaVergne TN
LVHW021719080426
835510LV00010B/1053